NE능률 영어교과서

대한민국 고등학생 **10**명 중 **4.7**명이 보는 교과서

영어 고등 교과서 점유율 1위
(7차, 2007 개정, 2009 개정, 2015 개정)

리딩튜터

그동안 판매된
리딩튜터 1,900만 부
차곡차곡 쌓으면 19만 미터

에베레스트 21배 높이

190,000m

에베레스트 8,848m

능률보카

그동안 판매된
능률VOCA 1,100만 부

대한민국 박스오피스 천만명을 넘은 영화 단 28개

그래머존

그동안 판매된 450만 부의 그래머존을 바닥에 쭉 ~ 깔면

1000km 서울-부산 왕복가능

서울

부산

초등
Grammar
Inside 3

지은이	NE능률 영어교육연구소
선임연구원	김지현
연구원	송민아, 김준희
영문교열	Curtis Thompson, Angela Lan, Olk Bryce Barrett
디자인	안훈정
내지 일러스트	김주명, 곽호명, 박응식
맥편집	권재희

Photo Credits Shutterstock

SINCE 1980
Let's grow together

NE능률이
미래를
창조합니다.

건강한 배움의 고객가치를 제공하겠다는 꿈을 실현하기 위해
40년이 넘는 시간 동안 열심히 달려왔습니다.

앞으로도 끊임없는 연구와 노력을 통해
당연한 것을 멈추지 않고

고객, 기업, 직원 모두가 함께 성장하는 NE능률이 되겠습니다.

NE 능률

초등
Grammar
Inside

3

구성 및 활용법

STEP 1 　　문법 개념 확인　　 ▶ 　　**STEP 2** 　　연습 문제

쉽고 간단한 문법 설명과 시각적으로 잘 정리된 표를 통해 문법 개념을 빠르게 익혀요.

간단한 확인 문제부터 문장 완성까지 다양한 유형과 난이도의 문제로 배운 문법을 적용해요.

❶ 학습목표

해당 Chapter에서 배울 내용을 미리 예측해 볼 수 있어요.

❷ WORD CHECK

Chapter에 등장할 단어를 미리 학습할 수 있어요.

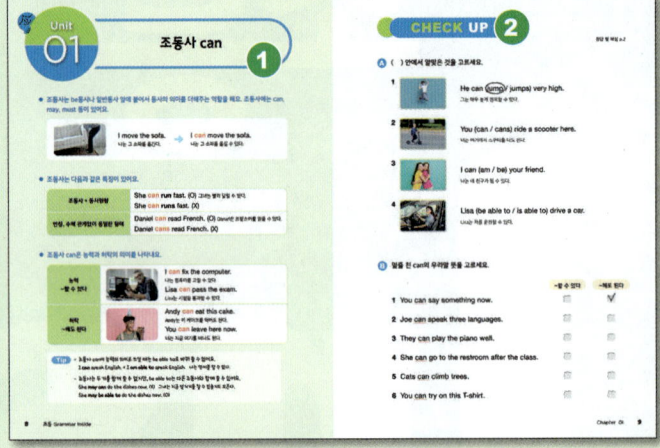

❶ 문법 설명

한눈에 들어오는 문법 설명과 예문으로 문법 개념을 쉽게 이해할 수 있어요.

❷ CHECK UP

단순한 고르기 문제를 통해 문법 개념을 제대로 이해했는지 확인할 수 있어요.

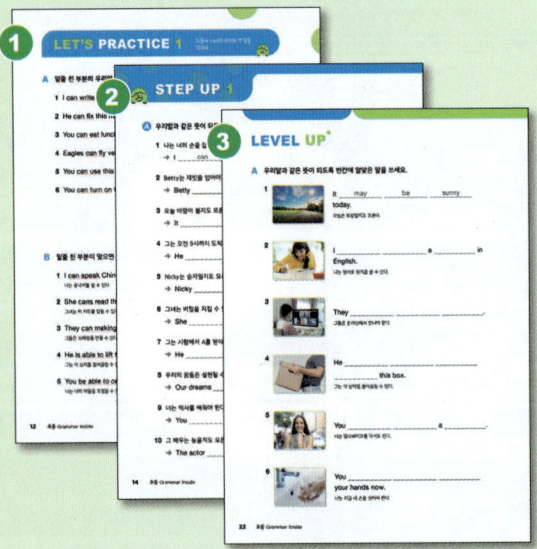

❶ LET'S PRACTICE

간단한 유형의 문제로 새로 학습한 내용을 충분히 이해했는지 점검할 수 있어요.

❷ STEP UP

빈칸 채우기부터 통문장 완성까지 다양한 유형의 문제를 풀어보며 문법 포인트를 확실히 익힐 수 있어요.

❸ LEVEL UP

빈칸 채우기 활동으로 앞서 학습한 문장을 다시 써보고 문법 개념을 정확히 학습했는지 파악할 수 있어요.

▶ STEP 3

STEP 3 평가 문제

실제 교내 평가 유형의 챕터 REVIEW TEST,
실전 Test, 총괄평가로 앞에서 배운 문법 내용을
복습해요.

▶ **STEP 4** 워크북

본책에 쓰인 문장을 그대로 활용한 추가 문제를
풀어 보며 문법 개념을 제대로 익혔는지 확인해요.

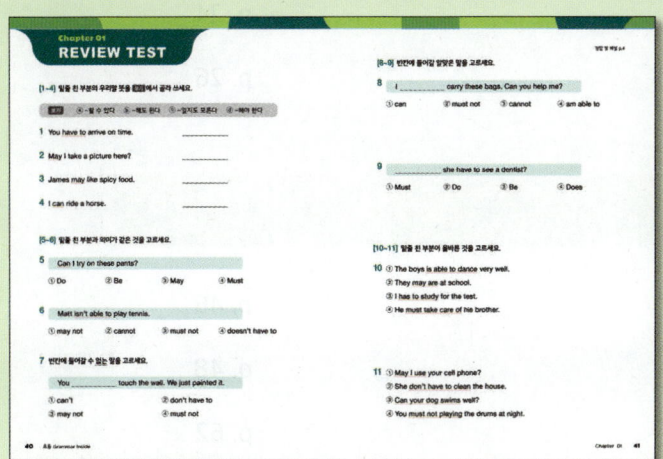

REVIEW TEST

다양한 유형의 객관식 문제와 서술형 문제를 통해 해당
챕터에서 배운 내용을 정리해볼 수 있어요.

실전 Test

두 개의 챕터를 학습 후에는 실제 교내 평가 유형의 문제를
통해 지금까지 배운 내용을 다시 상기할 수 있어요.

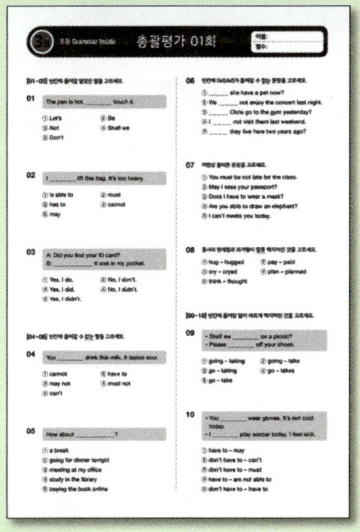

총괄평가

총 2회의 총괄평가를 통해 책 전체의
내용을 복습할 수 있어요.

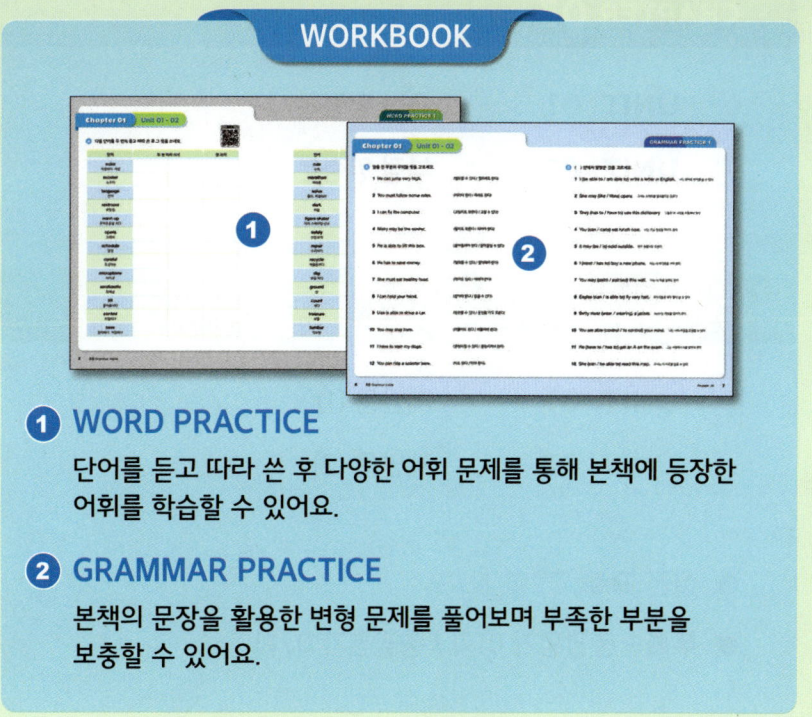

WORKBOOK

① **WORD PRACTICE**

단어를 듣고 따라 쓴 후 다양한 어휘 문제를 통해 본책에 등장한
어휘를 학습할 수 있어요.

② **GRAMMAR PRACTICE**

본책의 문장을 활용한 변형 문제를 풀어보며 부족한 부분을
보충할 수 있어요.

목차

학습플랜

하루에 본책 두 개의 Unit을 학습하고 워크북으로 복습하는 구성입니다.
워크북을 수업에 활용 시 **32차시** 수업이 가능합니다.

차시	학습 내용		숙제	학습 날짜	
1 차시	CHAPTER 01 UNIT 01 - 02	CHECK UP LET'S PRACTICE 1~2	워크북 CH 01 UNIT 01~02	월	일
2 차시		STEP UP 1~4 LEVEL UP		월	일
3 차시	CHAPTER 01 UNIT 03 - 04	CHECK UP LET'S PRACTICE 1~2	워크북 CH 01 UNIT 03~04	월	일
4 차시		STEP UP 1~4 LEVEL UP		월	일
5 차시	CHAPTER 01	REVIEW TEST		월	일
6 차시	CHAPTER 02 UNIT 01 - 02	CHECK UP LET'S PRACTICE 1~2	워크북 CH 02 UNIT 01~02	월	일
7 차시		STEP UP 1~4 LEVEL UP		월	일
8 차시	CHAPTER 02 UNIT 03 - 04	CHECK UP LET'S PRACTICE 1~2	워크북 CH 02 UNIT 03~04	월	일
9 차시		STEP UP 1~4 LEVEL UP		월	일
10 차시	CHAPTER 02	REVIEW TEST		월	일
11 차시	실전 Test 01회			월	일
12 차시	CHAPTER 03 UNIT 01 - 02	CHECK UP LET'S PRACTICE 1~2	워크북 CH 03 UNIT 01~02	월	일
13 차시		STEP UP 1~4 LEVEL UP		월	일
14 차시	CHAPTER 03	REVIEW TEST		월	일
15 차시	CHAPTER 04 UNIT 01 - 02	CHECK UP LET'S PRACTICE 1~2	워크북 CH 04 UNIT 01~02	월	일
16 차시		STEP UP 1~4 LEVEL UP		월	일
17 차시	CHAPTER 04	REVIEW TEST		월	일
18 차시	실전 Test 02회			월	일
19 차시	총괄평가 01회			월	일
20 차시	총괄평가 02회			월	일

Chapter 01

조동사

학습목표

1 조동사 **can**의 쓰임을 알아보아요.
2 조동사 **may**와 **must**의 쓰임을 알아보아요.
3 조동사의 부정문을 만드는 법을 알아보아요.
4 조동사의 의문문을 만들고 대답하는 법을 알아보아요.

모르는 단어에 체크해 보세요.

WORD CHECK

color
색칠하다, 색깔

scooter
스쿠터

restroom
화장실

warm up
준비운동을 하다

opera
오페라

microphone
마이크

sandcastle
모래성

marathon
마라톤

recycle
재활용하다

dig
땅을 파다

count
세다

grass
잔디, 풀

throw
던지다

litter
버리다

bend
굽히다

washing machine
세탁기

statue
동상

trash
쓰레기

life jacket
구명조끼

microwave
전자레인지

조동사 can

● 조동사는 be동사나 일반동사 앞에 붙어서 동사의 의미를 더해주는 역할을 해요. 조동사에는 can, may, must 등이 있어요.

 I move the sofa.
나는 그 소파를 옮긴다.

 I **can** move the sofa.
나는 그 소파를 옮길 수 있다.

● 조동사는 다음과 같은 특징이 있어요.

조동사 + 동사원형	She **can run** fast. (O) 그녀는 빨리 달릴 수 있다.
	She **can runs** fast. (X)
인칭, 수에 관계없이 동일한 형태	Daniel **can** read French. (O) Daniel은 프랑스어를 읽을 수 있다.
	Daniel **cans** read French. (X)

● 조동사 can은 능력과 허락의 의미를 나타내요.

능력 ~할 수 있다		I **can** fix the computer. 나는 컴퓨터를 고칠 수 있다. Lisa **can** pass the exam. Lisa는 시험을 통과할 수 있다.
허락 ~해도 된다		Andy **can** eat this cake. Andy는 이 케이크를 먹어도 된다. You **can** leave here now. 너는 지금 여기를 떠나도 된다.

Tip - 조동사 can이 능력의 의미로 쓰일 때는 be able to로 바꿔 쓸 수 있어요.
I **can** speak English. = I **am able to** speak English. 나는 영어를 할 수 있다.

- 조동사는 두 개를 함께 쓸 수 없지만, be able to는 다른 조동사와 함께 쓸 수 있어요.
She **may can** do the dishes now. (X) 그녀는 지금 설거지를 할 수 있을지도 모른다.
She **may be able to** do the dishes now. (O)

CHECK UP

정답 및 해설 p.2

A ( ) 안에서 알맞은 것을 고르세요.

1 He can (jump)/ jumps) very high.
그는 매우 높게 점프할 수 있다.

2 You (can / cans) ride a scooter here.
너는 여기에서 스쿠터를 타도 된다.

3 I can (am / be) your friend.
나는 네 친구가 될 수 있다.

4 Lisa (be able to / is able to) drive a car.
Lisa는 차를 운전할 수 있다.

B 밑줄 친 can의 우리말 뜻을 고르세요.

	~할 수 있다	~해도 된다
1 You <u>can</u> say something now.	☐	☑
2 Joe <u>can</u> speak three languages.	☐	☐
3 They <u>can</u> play the piano well.	☐	☐
4 She <u>can</u> go to the restroom after the class.	☐	☐
5 Cats <u>can</u> climb trees.	☐	☐
6 You <u>can</u> try on this T-shirt.	☐	☐

Unit 02

조동사 may, must

● 조동사 may는 추측과 허락의 의미를 나타내요.

| 추측
~일지도 모른다 |  | I **may** visit here someday.
나는 이곳을 언젠가 방문할지도 모른다.
Ann **may** know its name.
Ann은 그것의 이름을 알지도 모른다. |
| 허락
~해도 된다 |  | You **may** eat this hamburger.
너는 이 햄버거를 먹어도 된다.
Students **may** listen to music.
학생들은 음악을 들어도 된다. |

> **Tip** 조동사 may가 허락의 뜻을 나타낼 때는 can과 바꿔 쓸 수 있어요.
> You **may** open the window. = You **can** open the window.   너는 창문을 열어도 된다.

● 조동사 must는 의무의 뜻을 나타내며 have to와 바꿔 쓸 수 있어요.

| 의무
~해야 한다 | must | | I **must** go to the library.
나는 도서관에 가야 한다.
Fred **must** tell me the truth.
Fred는 나에게 진실을 말해야 한다. |
| | have to |  | You **have to** warm up first.
너는 먼저 준비운동을 해야 한다.
John and Ron **have to** go now.
John과 Ron은 지금 가야 한다. |

> **Tip** have to는 주어의 인칭과 수에 따라 형태가 달라져요.
> You **must** stay here. = You **have to** stay here.   너는 여기에 머물러야 한다.
> She **must** stay here. = She **has to** stay here.   그녀는 여기에 머물러야 한다.

CHECK UP

A 다음 중 우리말과 일치하는 문장을 고르세요.

1 그녀는 오페라를 좋아할지도 모른다.
ⓐ She may like opera.
ⓑ She has to like opera.

2 너는 여기에 주차해도 된다.
ⓐ You must park here.
ⓑ You may park here.

3 그들은 감기에 걸릴지도 모른다.
ⓐ They may catch a cold.
ⓑ They must catch a cold.

4 나는 틀릴지도 모른다.
ⓐ I must be wrong.
ⓑ I may be wrong.

5 너는 오늘 게임을 해도 된다.
ⓐ You may play games today.
ⓑ You are able to play games today.

6 너는 불을 꺼도 된다.
ⓐ You have to turn off the light.
ⓑ You may turn off the light.

B ( ) 안에서 알맞은 것을 고르세요.

1 I (have to / has to) stop here.   나는 여기에서 멈춰야 한다.

2 She (must / musts) change the schedule.   그녀는 일정을 바꿔야 한다.

3 Harry (have to / has to) see a doctor.   Harry는 병원에 가야 한다.

4 My mom has to (call / calls) my teacher.   엄마는 내 선생님에게 전화해야 한다.

5 You must (are / be) careful.   너는 조심해야 한다.

6 They have to (meet / meeting) online.   그들은 온라인에서 만나야 한다.

7 My dog (have to / has to) lose weight.   내 개는 체중을 줄여야 한다.

A 밑줄 친 부분의 우리말 뜻을 고르세요.

1 I can write a letter in English.   (쓸 수 있다 / 써도 된다)

2 He can fix this machine.   (고칠 수 있다 / 고쳐도 된다)

3 You can eat lunch now.   (먹을 수 있다 / 먹어도 된다)

4 Eagles can fly very fast.   (날 수 있다 / 날아도 된다)

5 You can use this microphone now.   (사용할 수 있다 / 사용해도 된다)

6 You can turn on the TV at 4:00 p.m.   (켤 수 있다 / 켜도 된다)

B 밑줄 친 부분이 맞으면 ○, 틀리면 X 표시하세요.

1 I can speak Chinese.   →   ○
나는 중국어를 할 수 있다.

2 She cans read this map.   →   _____
그녀는 이 지도를 읽을 수 있다.

3 They can making a sandcastle.   →   _____
그들은 모래성을 만들 수 있다.

4 He is able to lift this box.   →   _____
그는 이 상자를 들어올릴 수 있다.

5 You be able to control your mind.   →   _____
너는 너의 마음을 조절할 수 있다.

A 빈칸에 들어갈 말로 알맞은 것을 고르세요.

1 You may _____ this wall.　　ⓥ paint　　ⓑ painted
너는 이 벽을 칠해도 된다.

2 He _____ save money.　　ⓐ have to　　ⓑ has to
그는 돈을 절약해야 한다.

3 It may _____ cold outside.　　ⓐ is　　ⓑ be
밖은 추울지도 모른다.

4 I _____ buy a new phone.　　ⓐ must　　ⓑ has to
나는 새 휴대폰을 사야 한다.

5 You may _____ my camera.　　ⓐ use　　ⓑ using
너는 내 카메라를 써도 된다.

B 밑줄 친 부분을 바르게 고쳐 쓰세요.

1 You <u>follow must</u> some rules.　　→ ___must follow___
너는 몇 가지 규칙들을 따라야 한다.

2 She <u>musts eat</u> healthy food.　　→ _____
그녀는 건강한 음식을 먹어야 한다.

3 He <u>may is</u> a scientist.　　→ _____
그는 과학자일지도 모른다.

4 Linda <u>may came</u> to school early.　　→ _____
Linda는 학교에 일찍 올지도 모른다.

5 The boys <u>has to</u> arrive before 2:00 p.m.　　→ _____
그 소년들은 오후 2시 전에 도착해야 한다.

A 우리말과 같은 뜻이 되도록 빈칸에 can, may, must 중 알맞은 말을 쓰세요.

1 나는 너의 손을 잡을 수 있다.

➡ I _____can_____ hold your hand.

2 Betty는 재킷을 입어야 한다.

➡ Betty _____ wear a jacket.

3 오늘 바람이 불지도 모른다.

➡ It _____ be windy today.

4 그는 오전 9시까지 도착할 수 있다.

➡ He _____ arrive by 9:00 a.m.

5 Nicky는 승자일지도 모른다.

➡ Nicky _____ be the winner.

6 그녀는 비밀을 지킬 수 있다.

➡ She _____ keep a secret.

7 그는 시험에서 A를 받아야 한다.

➡ He _____ get an A on the exam.

8 우리의 꿈들은 실현될 수 있다.

➡ Our dreams _____ come true.

9 너는 역사를 배워야 한다.

➡ You _____ learn history.

10 그 배우는 늦을지도 모른다.

➡ The actor _____ be late.

B 밑줄 친 부분이 주어진 말과 같은 의미이면 ○, 다른 의미이면 X 표시하세요.

1 Dan <u>can</u> ride a horse. (be able to) → ○
Dan은 말을 탈 수 있다.

2 They <u>must</u> use this dictionary. (have to) → _____
그들은 이 사전을 사용해야 한다.

3 He <u>can</u> finish a marathon. (may) → _____
그는 마라톤을 끝낼 수 있다.

4 I <u>am able to</u> solve this puzzle. (can) → _____
나는 이 퍼즐을 풀 수 있다.

5 My sister <u>may</u> be a leader. (have to) → _____
내 여동생은 리더일지도 모른다.

6 Tim and Larry <u>can</u> swim well. (be able to) → _____
Tim과 Larry는 수영을 잘 할 수 있다.

7 You <u>can</u> go to the festival today. (be able to) → _____
너는 오늘 그 축제에 가도 된다.

8 You <u>can</u> bring your sunglasses. (may) → _____
너는 네 선글라스를 가져와도 된다.

9 Rabbits <u>are able to</u> run fast. (can) → _____
토끼들은 빨리 뛸 수 있다.

10 I <u>have to</u> train my dogs. (must) → _____
나는 나의 개들을 훈련시켜야 한다.

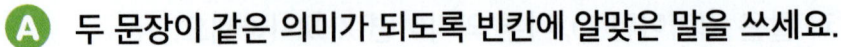

STEP UP 2

A 두 문장이 같은 의미가 되도록 빈칸에 알맞은 말을 쓰세요.

1 I am able to help Tom on Mondays.　나는 월요일마다 Tom을 도울 수 있다.

→ I ____can____ ____help____ ____Tom____ on Mondays.

2 You can eat salad here.　너는 여기서 샐러드를 먹어도 된다.

→ You _____ _____ _____ here.

3 Chris must send an email.　Chris는 이메일을 보내야 한다.

→ Chris _____ _____ _____ _____

_____.

4 She has to wait for the train.　그녀는 그 기차를 기다려야 한다.

→ She _____ _____ for the train.

5 Cats can see in the dark.　고양이들은 어둠 속에서 볼 수 있다.

→ Cats _____ _____ _____ _____ in

the dark.

6 You may wear my hat.　너는 내 모자를 써도 된다.

→ You _____ _____ my hat.

7 Danny can bake cupcakes.　Danny는 컵케이크를 구울 수 있다.

→ Danny _____ _____ _____ _____

cupcakes.

8 You can color my picture.　너는 내 그림에 색칠해도 된다.

→ You _____ _____ my picture.

9 We have to carry those dishes.　우리는 저 접시들을 옮겨야 한다.

→ We _____ _____ those dishes.

10 You may ride a bike here.　너는 여기서 자전거를 타도 된다.

→ You _____ _____ a bike here.

16 초등 Grammar Inside

B 사진을 보고 조동사와 주어진 단어를 이용하여 빈칸에 알맞은 말을 쓰세요.

1 You ___may[can]___ ___have___ this umbrella. (have)
너는 이 우산을 가져도 된다.

2 She _____ _____ a figure skater. (be)
그녀는 피겨 스케이팅 선수일지도 모른다.

3 This airplane _____ _____ safely. (fly)
이 비행기는 안전하게 날아야 한다.

4 You _____ _____ the file. (save)
너는 그 파일을 저장해도 된다.

5 They _____ _____ this computer. (repair)
그들은 이 컴퓨터를 수리해야 한다.

6 I _____ _____ really fast. (walk)
나는 매우 빨리 걸을 수 있다.

A 우리말과 같은 뜻이 되도록 주어진 말을 이용하여 문장을 완성하세요.

1 너는 여기에 앉아도 된다. (sit here)

→ You _____ may[can] sit here _____ .

2 Emma는 트럼펫을 연주할 수 있다. (play the trumpet)

→ Emma _____ .

3 그들은 신문을 재활용해야 한다. (recycle newspaper)

→ They _____ .

4 나는 파스타를 만들 수 있다. (make pasta)

→ I _____ .

5 너는 여기에 머물러도 된다. (stay here)

→ You _____ .

6 Dan과 Ally는 서로 알지도 모른다. (know each other)

→ Dan and Ally _____ .

7 오늘은 화창할지도 모른다. (be sunny today)

→ It _____ .

8 James는 열심히 연습해야 한다. (practice hard)

→ James _____ .

9 너는 내일 네 친구를 데려와도 된다. (bring your friend tomorrow)

→ You _____ .

10 식물들은 흙에서 물을 얻어야 한다. (get water from the soil)

→ Plants _____ .

B 다음 문장을 주어진 말을 포함한 문장으로 바꿔 쓰세요. (필요하면 형태를 바꾸세요.)

1 I sing pop songs. (can)   나는 팝송을 부른다.

→ _____ I can sing pop songs. _____

2 Amanda lives in India. (may)   Amanda는 인도에 산다.

→ _____

3 You go outside now. (must)   너는 지금 밖에 나간다.

→ _____

4 My son does his homework alone. (be able to)   내 아들은 혼자 숙제를 한다.

→ _____

5 She changes her clothes. (have to)   그녀는 옷을 갈아입는다.

→ _____

6 He has a problem with his knee. (may)   그는 무릎에 문제가 있다.

→ _____

7 I solve the quiz. (must)   나는 퀴즈를 푼다.

→ _____

8 They speak Korean. (be able to)   그들은 한국어를 한다.

→ _____

9 There are some doughnuts in the box. (may)   상자 안에 도넛 몇 개가 있다.

→ _____

10 You wash your hands now. (have to)   너는 지금 네 손을 씻는다.

→ _____

STEP UP 4

A 우리말과 같은 뜻이 되도록 주어진 말을 바르게 배열하세요.

1 Willy는 그의 선물을 열어도 된다. (can / open / Willy / his present / .)
➡ _____ Willy can open his present. _____

2 돼지들은 땅을 팔 수 있다. (dig / can / in the ground / pigs / .)
➡ _____

3 너는 불을 켜야 한다. (the light / you / turn on / must / .)
➡ _____

4 Josh는 일본에서 왔을지도 모른다. (from Japan / Josh / may / be / .)
➡ _____

5 Luna는 내 비밀을 지켜야 한다. (my secret / Luna / has to / keep / .)
➡ _____

6 내 여동생은 10까지 셀 수 있다. (can / my sister / to ten / count / .)
➡ _____

7 너는 밀크쉐이크를 마셔도 된다. (drink / may / you / a milkshake / .)
➡ _____

8 그녀는 보물을 찾을지도 모른다. (she / treasure / may / find / .)
➡ _____

9 나는 이 일을 끝내야 한다. (must / finish / I / this job / .)
➡ _____

10 너는 이 지갑을 가져도 된다. (may / this wallet / you / have / .)
➡ _____

B 밑줄 친 부분을 바르게 고쳐 문장을 다시 쓰세요.

1 My trainer <u>may is</u> sick today.   내 트레이너는 오늘 아플지도 모른다.

➡ _____My trainer may be sick today._____

2 I <u>be able to eat</u> spicy food.   나는 매운 음식을 먹을 수 있다.

➡ _____

3 You <u>bring may</u> your camera.   너는 네 카메라를 가져와도 된다.

➡ _____

4 She <u>may can remember</u> my idea.   그녀는 내 아이디어를 기억할 수 있을지도 모른다.

➡ _____

5 We <u>able are to</u> win the game.   우리는 그 경기에서 이길 수 있다.

➡ _____

6 He <u>have to go</u> home now.   그는 지금 집에 가야 한다.

➡ _____

7 My teacher <u>is able sing</u> very well.   내 선생님은 노래를 매우 잘 할 수 있다.

➡ _____

8 The story <u>may sounds</u> familiar.   그 이야기는 익숙하게 들릴지도 모른다.

➡ _____

9 You <u>cans change</u> its color.   너는 그것의 색깔을 바꿔도 된다.

➡ _____

10 You <u>must sitting</u> next to me.   너는 내 옆에 앉아야 한다.

➡ _____

LEVEL UP

1

It ____may____ ____be____ ____sunny____ today.

오늘은 화창할지도 모른다.

2

I _____ _____ a _____ in English.

나는 영어로 편지를 쓸 수 있다.

3

They _____ _____ _____.

그들은 온라인에서 만나야 한다.

4

He _____ _____ _____ _____ this box.

그는 이 상자를 들어올릴 수 있다.

5

You _____ _____ a _____.

너는 밀크쉐이크를 마셔도 된다.

6

You _____ _____ _____ your hands now.

너는 지금 네 손을 씻어야 한다.

B 우리말과 같은 뜻이 되도록 빈칸에 알맞은 말을 쓰세요.

1 I _____can_____ _____make_____ _____pasta_____ .

나는 파스타를 만들 수 있다.

2 The actor _____ _____ _____ .

그 배우는 늦을지도 모른다.

3 You _____ _____ _____ _____ .

너는 내 모자를 써도 된다.

4 They _____ _____ _____ .

그들은 신문을 재활용해야 한다.

5 He _____ _____ _____ money.

그는 돈을 절약해야 한다.

6 You _____ _____ _____ .

너는 여기에 머물러도 된다.

7 Rabbits _____ _____ _____ _____ fast.

토끼들은 빨리 뛸 수 있다.

8 She _____ _____ a _____ _____ .

그녀는 피겨 스케이팅 선수일지도 모른다.

9 You _____ _____ _____ now.

너는 지금 밖에 나가야 한다.

10 Linda _____ _____ to _____ early.

Linda는 학교에 일찍 올지도 모른다.

11 Cats _____ _____ _____ _____ in the
dark.   고양이들은 어둠 속에서 볼 수 있다.

12 You _____ _____ _____ sunglasses.

너는 네 선글라스를 가져와도 된다.

조동사의 부정문

● **can**의 부정문은 **cannot**이며 불가능과 금지를 나타내요. **cannot**은 **can't**로 줄여 쓸 수 있어요.

불가능 ~할 수 없다	He **cannot** swim. 그는 수영을 할 수 없다. We **can't** speak Chinese. 우리는 중국어를 할 수 없다.
금지 ~해서는 안 된다	You **cannot** run here. 너는 여기서 뛰어서는 안 된다. Kids **can't** drink coffee. 아이들은 커피를 마셔서는 안 된다.

> **Tip** 불가능을 의미하는 cannot은 be not able to와 바꿔 쓸 수 있어요.
>
> We **cannot** ski. = We are not[aren't] able to ski. 우리는 스키를 탈 수 없다.
>
> Leo **cannot** run fast. = Leo is not[isn't] able to run fast. Leo는 빨리 달릴 수 없다.

● **may**의 부정문은 **may not**이며 추측과 금지를 나타내요. 금지를 나타내는 **may not**은 **cannot** [**can't**]과 바꿔 쓸 수 있어요.

추측 ~가 아닐지도 모른다	Ann **may not** be a nurse. Ann은 간호사가 아닐지도 모른다.
금지 ~해서는 안 된다	You **may not[cannot]** run here. 너는 여기서 뛰어서는 안 된다.

● **must**의 부정문은 **must not**이며 강한 금지를 나타내요. **must not**은 **mustn't**로 줄여 쓸 수 있어요.

강한 금지 ~하면 안 된다		You **must not** walk on the grass. 너는 잔디 위를 걸으면 안 된다. They **mustn't** throw a ball here. 그들은 여기서 공을 던지면 안 된다.

> **Tip** have to의 부정형은 don't[doesn't] have to이며, '~할 필요가 없다'의 의미예요. must not과 의미가 다른 것에 유의해요.
>
> You **don't have to** turn the light on. 너는 불을 켤 필요가 없다.
>
> He **doesn't have to** take Spanish class. 그는 스페인어 수업을 들을 필요가 없다.

A 밑줄 친 부분의 우리말 뜻을 고르세요.

1  You can't ride a bike here.
ⓐ ~해서는 안 된다 ✓
ⓑ ~가 아닐지도 모른다

2  You must not swim here.
ⓐ ~할 필요가 없다
ⓑ ~하면 안 된다

3  You cannot park here.
ⓐ ~해서는 안 된다
ⓑ ~가 아닐지도 모른다

4  You may not litter here.
ⓐ ~할 필요가 없다
ⓑ ~해서는 안 된다

5  You must not eat here.
ⓐ ~하면 안 된다
ⓑ ~가 아닐지도 모른다

B ( ) 안에서 알맞은 것을 고르세요.

1 I cannot (climb / climbing) the mountain.   나는 산을 오를 수 없다.

2 She (is not able to / not is able to) set the schedule.   그녀는 일정을 짤 수 없다.

3 Joe (don't have to / doesn't have to) see a doctor.   Joe는 병원에 갈 필요가 없다.

4 You (must not / not must) drive here.   너는 여기서 운전하면 안 된다.

5 He may not (work / works) at night.   그는 밤에 일해서는 안 된다.

6 They (may not / not may) be twins.   그들은 쌍둥이가 아닐지도 모른다.

조동사의 의문문

● 조동사의 의문문은 주어와 조동사의 위치를 서로 바꾸어 만들어요.

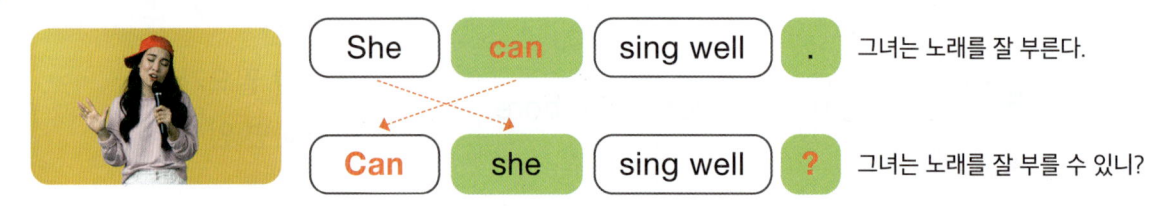

| She | can | sing well | . | 그녀는 노래를 잘 부른다. |

| Can | she | sing well | ? | 그녀는 노래를 잘 부를 수 있니? |

● can의 의문문은 아래와 같은 의미를 가지며, 허락을 의미하는 can은 may와 바꿔 쓸 수 있어요.

능력 ~할 수 있니?	**Can** he bend his knee? 그는 무릎을 굽힐 수 있니? (= **Is** he **able to** bend his knee?) **Yes**, he **can**. / **No**, he **can't**. 응, 할 수 있어. / 아니, 못해.
허락 ~해도 될까?	**Can[May]** I open the door? 내가 문을 열어도 될까? **Yes**, you **can[may]**. / **No**, you **can't[may not]**. 응, 그래. / 아니, 안 돼.
요청 ~해주겠니?	**Can** you pass me the salt, please? 나에게 소금을 건네주겠니? **Yes**, I **can**. / **No**, I **can't**. 응, 그래. / 아니, 그럴 수 없어.

> **Tip** can이나 may를 써서 요청하거나 허가를 구할 때, 다음과 같이 대답할 수도 있어요.
>
> Sure. 물론이지.   Of course. 물론이지.   No problem. 문제 없어.
> Okay. 좋아.   Sorry, but ... 미안하지만 ...

● must와 have to의 의문문은 아래와 같은 의미를 가져요. have to의 의문문은 일반동사의 의문문 형태로 쓰는 것에 유의해요.

의무 ~해야 하니?	**Must** I pass the test? 나는 그 시험을 통과해야 하니? **Yes**, you **must**. / **No**, you **don't have to**. 응, 그래. / 아니, 그러지 않아도 돼.
	Does she **have to** fix the TV? 그녀는 TV를 고쳐야 하니? **Yes**, she **does**. / **No**, she **doesn't have to**. 응, 그래. / 아니, 그러지 않아도 돼.

정답 및 해설 p.3

A 빈칸에 들어갈 말로 알맞은 것을 고르세요.

1 _____ they play table tennis?
그들은 탁구를 칠 수 있니?
ⓐ May ✓ Can

2 _____ I borrow your pen?
내가 너의 펜을 빌려도 될까?
ⓐ Can ⓑ Must

3 _____ I have to go to the studio?
나는 스튜디오로 가야 하니?
ⓐ Do ⓑ Does

4 _____ we eat now?
우리 지금 먹어도 될까?
ⓐ Must ⓑ May

5 _____ I erase the board?
나는 칠판을 지워야 하니?
ⓐ Can ⓑ Must

6 Does she _____ write an essay?
그녀는 에세이를 써야 하니?
ⓐ have to ⓑ has to

B 질문에 알맞은 대답을 연결하세요.

1 Can you do me a favor?
부탁 하나 들어주겠니?

2 May I speak to your brother?
내가 너의 남동생에게 말해도 될까?

3 Can she play the guitar?
그녀는 기타를 칠 수 있니?

4 Do I have to wear a sweater?
나는 스웨터를 입어야 하니?

5 Must Jack join our club?
Jack이 우리 동아리에 가입해야 하니?

ⓐ Yes, you do.
응, 그래.

ⓑ Sure, I can.
물론 할 수 있어.

ⓒ No, you may not.
아니, 안 돼.

ⓓ No, he doesn't have to.
아니, 그러지 않아도 돼.

ⓔ No, she can't.
아니, 못해.

A 부정문으로 바꿀 때 not이 들어갈 위치를 고르세요.

1 I ⓐ can ⓑ fix ⓒ your washing machine. 나는 너의 세탁기를 고칠 수 있다.

2 Jack ⓐ may ⓑ be ⓒ a firefighter. Jack은 소방관일지도 모른다.

3 You can ⓐ go ⓑ with ⓒ me. 너는 나와 함께 가도 된다.

4 We ⓐ must ⓑ take ⓒ a bus. 우리는 버스를 타야 한다.

5 He ⓐ can ⓑ drive ⓒ a truck. 그는 트럭을 운전할 수 있다.

6 She ⓐ may ⓑ change ⓒ the plan. 그녀는 계획을 바꿀지도 모른다.

7 They are ⓐ able ⓑ to ⓒ move that statue. 그들은 저 동상을 옮길 수 있다.

B 밑줄 친 부분을 부정형으로 바꿔 쓰세요. (축약형으로 쓰세요.)

1 I can smell this flower. → _can't smell_
나는 이 꽃의 냄새를 맡을 수 있다.

2 They may take photos here. → _____
그들은 여기서 사진을 찍어도 된다.

3 You must bring your laptop. → _____
너는 너의 노트북 컴퓨터를 가져와야 한다.

4 He has to attend the meeting. → _____
그는 그 회의에 참석해야 한다.

5 Amy is able to speak Vietnamese. → _____
Amy는 베트남어를 할 수 있다.

6 We have to find clues. → _____
우리는 단서들을 찾아야 한다.

LET'S PRACTICE 2

조동사 의문문의 쓰임과 형태를 익혀요.

A 보기 에서 알맞은 말을 골라 쓰세요.

보기	Must I	Can you	Can they	Does Nancy	May I

1 A: _____May I_____ visit your office?
내가 너의 사무실에 방문해도 될까?

B: Sorry, you may not.
미안하지만 안 돼.

2 A: _____ pick up the trash?
쓰레기를 주워주겠니?

B: Of course, I can.
물론 할 수 있어.

3 A: _____ have to sit here?
Nancy는 여기에 앉아야 하니?

B: No, she doesn't have to.
아니, 그러지 않아도 돼.

4 A: _____ clean the window?
나는 창문을 청소해야 하니?

B: Yes, you must.
응, 그래.

5 A: _____ make soup for us?
그들은 우리를 위해 수프를 만들 수 있니?

B: No, they can't.
아니, 못해.

B 빈칸에 알맞은 말을 써서 대답을 완성하세요.

1 A: Can you draw a rainbow?
너는 무지개를 그릴 수 있니?

B: No, _____I can't_____.
아니, 못해.

2 A: May I throw this away?
내가 이것을 버려도 될까?

B: Yes, _____.
응, 그래.

3 A: Can I skip today's class?
내가 오늘의 수업을 빼먹어도 될까?

B: Yes, _____.
응, 그래.

4 A: Do they have to go home?
그들은 집에 가야 하니?

B: Yes, _____.
응, 그래.

5 A: Must we leave here?
우리가 여기를 떠나야 하니?

B: No, _____.
아니, 그러지 않아도 돼.

STEP UP 1

A 밑줄 친 부분을 바르게 고쳐 쓰세요. (부정문은 축약형으로 쓰세요.)

1 She <u>not is able to</u> bake cookies.
그녀는 쿠키를 구울 수 없다.
→ _____isn't able to_____

2 You <u>must not to</u> travel alone.
너는 혼자 여행하면 안 된다.
→ _____

3 <u>Can you turns on</u> the music?
음악을 틀어주겠니?
→ _____

4 She <u>don't have to</u> write a letter.
그녀는 편지를 쓸 필요가 없다.
→ _____

5 <u>Do he have to</u> be an actor?
그는 배우가 되어야 하니?
→ _____

6 <u>Can she plays</u> chess?
그녀는 체스를 할 수 있니?
→ _____

7 I <u>can sleep not</u> well.
나는 잠을 잘 잘 수 없다.
→ _____

8 Your story <u>may not is</u> true.
너의 이야기는 사실이 아닐지도 모른다.
→ _____

9 <u>Must we feeding</u> the rabbits?
우리가 토끼들에게 먹이를 주어야 하니?
→ _____

10 <u>May ride I</u> my bike here?
제가 여기서 자전거를 타도 될까요?
→ _____

B 다음 문장을 부정문으로 바꿔 쓸 때 빈칸에 알맞은 말을 쓰세요.

1 I can make a robot.   나는 로봇을 만들 수 있다.

→ I <u>can't[cannot]</u> <u>make</u> a robot.

2 Ken has to go to the museum.   Ken은 박물관에 가야 한다.

→ Ken _____ _____ _____ _____ to
the museum.

3 She may like snowy days.   그녀는 눈 오는 날을 좋아할지도 모른다.

→ She _____ _____ _____ snowy days.

4 They must take off their hats here.   그들은 여기서 모자를 벗어야 한다.

→ They _____ _____ _____ _____
their hats here.

5 We are able to play the violin.   우리는 바이올린을 연주할 수 있다.

→ We _____ _____ _____ _____ the
violin.

C 다음 문장을 의문문으로 바꿔 쓸 때 빈칸에 알맞은 말을 쓰세요.

1 He must call his teacher.   그는 그의 선생님에게 전화해야 한다.

→ <u>Must</u> he <u>call</u> his teacher?

2 Daisy can send emails.   Daisy는 이메일들을 보낼 수 있다.

→ _____ Daisy _____ emails?

3 You can go shopping.   너는 쇼핑을 가도 된다.

→ _____ I _____ shopping?

4 You may talk to those actors.   너는 저 배우들에게 이야기해도 된다.

→ _____ I _____ _____ those actors?

STEP UP 2

A 우리말과 같은 뜻이 되도록 주어진 말을 이용하여 문장을 완성하세요.

1 너는 여기서 길을 건너서는 안 된다. (can, cross)

→ You ___can't[cannot]___ ___cross___ the street here.

2 내가 상을 차려야 하니? (have to, set)

→ _____ I _____ _____ _____ the table?

3 Sarah는 공을 잡을 수 있니? (can, catch)

→ _____ _____ _____ a ball?

4 너는 모든 것을 기록하지 않아도 된다. (have to, record)

→ You _____ _____ _____ _____ everything.

5 내가 수업을 옮겨도 될까? (can, move)

→ _____ _____ _____ the class?

6 나는 여기서 기다려야 하니? (must, wait)

→ _____ _____ _____ here?

7 너는 만화책들을 읽어서는 안 된다. (may, read)

→ You _____ _____ _____ comic books.

8 우리가 당신을 따라가도 될까요? (may, follow)

→ _____ _____ _____ you?

9 그는 배가 고프지 않을지도 모른다. (may, be)

→ He _____ _____ _____ hungry.

10 그는 한국 역사를 가르칠 수 없다. (be able to, teach)

→ He _____ _____ _____ _____ Korean history.

B 우리말과 같은 뜻이 되도록 보기 와 주어진 말을 이용하여 문장을 완성하세요. (중복 사용 가능)

보기	can't	may not	must not	doesn't have to
	can	may	must	have to

1 우리는 구명조끼를 벗으면 안 된다. (take off)

➔ We ___must[may]___ ___not___ ___take___ ___off___ our life jackets.

2 상자 안에 선물이 없을지도 모른다. (be)

➔ There _____ _____ _____ a present in the box.

3 너는 프랑스어를 할 수 있니? (speak)

➔ _____ _____ _____ French?

4 내가 물 한 잔을 마셔도 될까? (drink)

➔ _____ _____ _____ a glass of water?

5 너는 너의 친구들을 밀어서는 안 된다. (push)

➔ You _____ _____ your friends.

6 Jun은 더 이상 일을 할 필요가 없다. (work)

➔ Jun _____ _____ _____ _____ anymore.

7 그들은 그 시험을 쳐야 하니? (take)

➔ Do they _____ _____ _____ the test?

8 그녀가 그 파티에 참석해야 하니? (attend)

➔ _____ _____ _____ the party?

A 사진을 보고 주어진 단어를 이용하여 빈칸에 알맞은 말을 쓰세요.

1 We ___don't___ ___have___ ___to___ ___meet___ each other. (meet)
우리는 서로 만날 필요가 없다.

2 A: _____ you _____ _____ the volume? (turn down) 볼륨을 줄여주겠니?
B: Yes, _____ _____. 응, 그래.

3 It _____ _____ _____ tonight. (rain)
오늘 밤에는 비가 오지 않을지도 모른다.

4 A: _____ I _____ _____ _____ these flowers? (water)
내가 이 꽃들에게 물을 줘야 하니?
B: Yes, _____ _____. 응, 그래.

5 Julie _____ _____. (drive)
Julie는 운전을 할 수 없다.

6 A: _____ I _____ your passport?
(see) 제가 당신의 여권을 볼 수 있을까요?
B: _____, _____ may. 네, 됩니다.

B 우리말과 같은 뜻이 되도록 주어진 말을 바르게 배열하세요.

1 내가 너의 전자레인지를 고쳐야 하니? (I / do / fix / have to)

→ _____ Do I have to fix _____ your microwave?

2 그녀는 그 소설을 읽을 필요가 없다. (doesn't / she / have to)

→ _____ read the novel.

3 내 딸들은 밤늦게 TV를 봐서는 안 된다. (cannot / watch / my daughters)

→ _____ TV late at night.

4 나에게 후추를 건네주겠니? (pass / can / you)

→ _____ me the pepper?

5 너는 복숭아들을 먹으면 안 된다. (not / must / you)

→ _____ eat peaches.

6 우리는 바닥을 쓸어야 하니? (must / sweep / we)

→ _____ the floor?

7 그 커피는 뜨겁지 않을지도 모른다. (may / the coffee / not)

→ _____ be hot.

8 너는 나무에 오를 수 있니? (you / able / are / to)

→ _____ climb a tree?

9 너는 혼자 떠나서는 안 된다. (not / you / may)

→ _____ leave alone.

10 제가 당신을 파티에 초대해도 될까요? (invite / may / I)

→ _____ you to the party?

A 다음 문장을 부정문으로 바꿔 쓰세요. (축약형으로 쓰세요.)

1 She is able to walk her dog now. 그녀는 지금 그녀의 개를 산책시킬 수 있다.

→ She isn't able to walk her dog now.

2 He may be an artist. 그는 예술가일지도 모른다.

→ _____

3 You can drink something here. 너는 여기서 무언가를 마셔도 된다.

→ _____

4 It may be sunny today. 오늘은 화창할지도 모른다.

→ _____

5 Jessica can write letters in Japanese. Jessica는 일본어로 편지를 쓸 수 있다.

→ _____

6 Minsu has to go to the airport. 민수는 공항에 가야 한다.

→ _____

7 You may sit on the floor. 너는 바닥에 앉아도 된다.

→ _____

8 I have to pack my bag today. 나는 오늘 나의 가방을 싸야 한다.

→ _____

9 We must move the trash can. 우리는 쓰레기통을 옮겨야 한다.

→ _____

10 This machine is able to clean the air. 이 기계는 공기를 깨끗하게 해줄 수 있다.

→ _____

B 다음 문장을 의문문으로 바꿔 쓰세요.

1 I must go to the library. 나는 도서관에 가야 한다.

→ _____ Must I go to the library? _____

2 She can understand the movie. 그녀는 그 영화를 이해할 수 있다.

→ _____

3 Willy has to help his mom. Willy는 그의 엄마를 도와야 한다.

→ _____

4 She may touch the screen. 그녀는 화면을 만져도 된다.

→ _____

5 They have to wear uniforms. 그들은 유니폼을 입어야 한다.

→ _____

6 Olivia can play the game with us. Olivia는 우리와 함께 게임을 해도 된다.

→ _____

7 He must clean the classroom after school. 그는 방과 후에 교실을 청소해야 한다.

→ _____

8 He may stay here for today. 그는 오늘 여기에 머물러도 된다.

→ _____

9 She is able to write her name. 그녀는 그녀의 이름을 쓸 수 있다.

→ _____

10 The students can sing a song in the classroom. 학생들은 교실에서 노래를 불러도 된다.

→ _____

LEVEL UP

A 우리말과 같은 뜻이 되도록 빈칸에 알맞은 말을 쓰세요.

1

You <u>must[may]</u> <u>not</u> <u>drive</u> here.

너는 여기서 운전하면 안 된다.

2

A: _____ _____ _____ the rabbits? 우리가 토끼들에게 먹이를 주어야 하니?

B: Yes, we _____. 응, 그래.

3

A: _____ _____ _____

_____ the trash? 쓰레기를 주워주겠니?

B: Yes, I _____. 응, 그래.

4

You _____ _____ the street here.

너는 여기서 길을 건너서는 안 된다.

5

He _____ _____ _____

_____ the meeting.

그는 회의에 참석하지 않아도 된다.

6

A: _____ _____ _____ my bike here? 제가 여기서 자전거를 타도 될까요?

B: _____, you may. 네, 됩니다.

B 우리말과 같은 뜻이 되도록 빈칸에 알맞은 말을 쓰세요.

1 ___Can___ ___you___ ___pass___ me the pepper?
나에게 후추를 건네주겠니?

2 _____ _____ _____ the window?
나는 창문을 청소해야 하니?

3 _____ _____ _____ _____ alone.
너는 혼자 여행하면 안 된다.

4 _____ Willy _____ _____ his mom?
Willy는 그의 엄마를 도와야 하니?

5 Jun _____ _____ _____ _____ anymore.
Jun은 더 이상 일을 할 필요가 없다.

6 _____ _____ _____ _____ _____ the table?
내가 상을 차려야 하니?

7 _____ Daisy _____ emails?
Daisy는 이메일들을 보낼 수 있니?

8 _____ _____ _____ here.
너는 여기서 뛰어서는 안 된다.

9 _____ _____ _____ this flower.
나는 이 꽃의 냄새를 맡을 수 없다.

10 Your story _____ _____ _____ true.
너의 이야기는 사실이 아닐지도 모른다.

11 _____ _____ _____ _____ _____ the violin.
우리는 바이올린을 연주할 수 없다.

REVIEW TEST

[1~4] 밑줄 친 부분의 우리말 뜻을 보기 에서 골라 쓰세요.

| 보기 | ⓐ ~할 수 있다 | ⓑ ~해도 된다 | ⓒ ~일지도 모른다 | ⓓ ~해야 한다 |

1 You <u>have to</u> arrive on time.   _____

2 <u>May</u> I take a picture here?   _____

3 James <u>may</u> like spicy food.   _____

4 I <u>can</u> ride a horse.   _____

[5~6] 밑줄 친 부분과 의미가 같은 것을 고르세요.

5   <u>Can</u> I try on these pants?

① Do   ② Be   ③ May   ④ Must

6   Matt <u>isn't able to</u> play tennis.

① may not   ② cannot   ③ must not   ④ doesn't have to

7 빈칸에 들어갈 수 <u>없는</u> 말을 고르세요.

   You _____ touch the wall. We just painted it.

① can't   ② don't have to

③ may not   ④ must not

정답 및 해설 p.4

[8~9] 빈칸에 들어갈 알맞은 말을 고르세요.

8

I _____ carry these bags. Can you help me?

① can　　　② must not　　　③ cannot　　　④ am able to

9

_____ she have to see a dentist?

① Must　　　② Do　　　③ Be　　　④ Does

[10~11] 밑줄 친 부분이 올바른 것을 고르세요.

10 ① The boys <u>is able to dance</u> very well.

② They <u>may are</u> at school.

③ I <u>has to study</u> for the test.

④ He <u>must take care of</u> his brother.

11 ① <u>May I use</u> your cell phone?

② She <u>don't have to clean</u> the house.

③ <u>Can your dog swims</u> well?

④ You <u>must not playing</u> the drums at night.

12 밑줄 친 부분의 의미가 나머지와 <u>다른</u> 것을 고르세요.

① You <u>can</u> drink the juice.

② <u>Can</u> we come in?

③ <u>Can</u> you read Chinese?

④ <u>Can</u> I turn on the air conditioner?

13 빈칸에 들어갈 말이 바르게 짝지어진 것을 고르세요.

> · Hurry up. We _____ be late for the train.
> · Henry _____ be sick. He is absent from school.

① may not – cannot ② must – doesn't have to

③ don't have to – must ④ must not – may

14 어법상 <u>틀린</u> 문장을 고르세요.

① Are you able speak Spanish?

② You don't have to change your clothes.

③ Can I get some ice?

④ The watch may be under the bed.

15 두 문장이 같은 의미가 되도록 빈칸에 알맞은 말을 쓰세요.

> Whales cannot live on land.
>
> → Whales ＿＿＿＿＿＿ ＿＿＿＿＿＿ ＿＿＿＿＿＿
>
> ＿＿＿＿＿＿ ＿＿＿＿＿＿ on land.

16 우리말과 같은 뜻이 되도록 주어진 말을 이용하여 문장을 완성하세요.

> 제가 미리 예약을 해야 하나요? (have to, make a reservation)

→ ＿＿＿＿＿＿＿＿＿＿＿＿＿＿＿＿＿＿＿＿＿＿＿＿＿＿ in advance?

17 공원의 표지판을 보고 ( ) 안에서 알맞은 말을 고르세요.

Park Rules

(1) You (must / must not) clean up after your dog.

(2) You (can / can't) ride a bike.

(3) You (may / may not) eat food in the park.

Chapter
02

일반동사의 과거형

학습목표

1 일반동사 과거형의 기본 형태에 대해 알아보아요.
2 일반동사의 과거형과 함께 쓰는 표현을 알아보아요.
3 일반동사 과거형의 부정문을 만드는 법을 알아보아요.
4 일반동사 과거형의 의문문을 만드는 법을 알아보아요.

WORD CHECK

cook
요리하다

drop
떨어뜨리다

exercise
운동하다

drive
운전하다

draw
그리다

choose
고르다

build
(건물을) 짓다

pay
지불하다

travel
여행하다

plant
심다

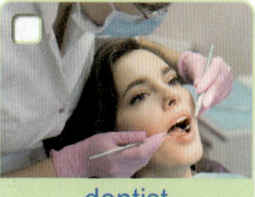
dentist
치과

exam
시험

airport
공항

bark
(개가) 짖다

fix
고치다

bake
굽다

ship
배

miss
놓치다

lock
잠그다

furniture
가구

Unit 01

일반동사의 과거형 (1)

● 일반동사의 과거형은 이미 지나간 과거에 일어난 일을 나타내며, '~했다'의 의미예요. 일반동사의 과거형은 주어의 인칭이나 수에 상관없이 형태가 동일해요.

> I **played** the violin yesterday. 나는 어제 바이올린을 연주했다.
> She **played** the violin yesterday. 그녀는 어제 바이올린을 연주했다.

● 일반동사는 보통 다음과 같은 규칙에 따라 과거형으로 바꿔 쓸 수 있어요.

대부분의 동사	동사원형 + ed	cook 요리하다 → cook**ed** want 원하다 → want**ed** talk 말하다 → talk**ed**	walk 걷다 → walk**ed** help 돕다 → help**ed** enjoy 즐기다 → enjoy**ed**
-e로 끝나는 동사	동사원형 + d	like 좋아하다 → like**d** arrive 도착하다 → arrive**d** hate 싫어하다 → hate**d**	move 옮기다 → move**d** invite 초대하다 → invite**d** dance 춤추다 → dance**d**
'자음 + y'로 끝나는 동사	-y → -ied	study 공부하다 → stud**ied** cry 울다 → cr**ied** hurry 서두르다 → hurr**ied**	try 시도하다 → tr**ied** dry 말리다 → dr**ied**
'모음 1개 + 자음 1개'로 끝나는 동사	끝자음 한 번 더 + ed	stop 멈추다 → stop**ped** hug 포옹하다 → hug**ged** drop 떨어뜨리다 → drop**ped**	shop 쇼핑하다 → shop**ped** plan 계획하다 → plan**ned**

I **helped** the boy. 나는 그 소년을 도와주었다.
The airplane **arrived**. 비행기가 도착했다.
Her baby **cried**. 그녀의 아기가 울었다.
His car suddenly **stopped**. 그의 차가 갑자기 멈췄다.

> **Tip** yesterday, last night 등과 같이 과거를 나타내는 말과 함께 쓰이거나 역사적 사실을 나타낼 때는 항상 과거형을 써야 해요.
> I **studied** science **yesterday**. 나는 어제 과학을 공부했다.
> Edison **invented** the lightbulb. 에디슨이 전구를 발명했다.

CHECK UP

정답 및 해설 p.5

A 일반동사의 과거형을 골라 ○ 표시하세요.

(moved)	help	walking	hated	plan
dropped	cry	tries	hugged	dancing
studies	cooked	shop	wanted	enjoyed
arrive	invites	liked	dried	play
hurried	smiles	loved	jumping	failed

B ( ) 안에서 알맞은 것을 고르세요.

1 I (study / studied) Chinese last week.   나는 지난주에 중국어를 공부했다.

2 She (listens / listened) to music every morning.   그녀는 매일 아침 음악을 듣는다.

3 I (talk / talked) to Jina last weekend.   나는 지난 주말에 지나와 이야기했다.

4 Dave (cleans / cleaned) his room yesterday.   Dave는 어제 그의 방을 청소했다.

5 We (invite / invited) her to our wedding.   우리는 그녀를 우리의 결혼식에 초대했다.

6 They (exercise / exercised) every day.   그들은 매일 운동한다.

7 We (plan / planned) our trip to America last year.
우리는 작년에 미국으로의 여행을 계획했다.

Unit 02

일반동사의 과거형 (2)

● 일부 동사들은 과거형으로 바꿀 때 모양이 불규칙하게 변해요.

| 불규칙하게 변하는 동사 | go 가다 → **went**
see 보다 → **saw**
eat 먹다 → **ate**
meet 만나다 → **met**
win 이기다 → **won**
sleep 자다 → **slept**
sit 앉다 → **sat**
feel 느끼다 → **felt**
sell 팔다 → **sold**
break 깨다 → **broke**
forget 잊다 → **forgot**
fly 날다 → **flew**
ride 타다 → **rode**
pay 지불하다 → **paid**
find 찾다 → **found** | come 오다 → **came**
say 말하다 → **said**
know 알다 → **knew**
speak 말하다 → **spoke**
drive 운전하다 → **drove**
give 주다 → **gave**
get 받다, 얻다 → **got**
fall 떨어지다 → **fell**
buy 사다 → **bought**
hide 숨기다 → **hid**
draw 그리다 → **drew**
sing 노래하다 → **sang**
swim 수영하다 → **swam**
throw 던지다 → **threw**
leave 떠나다 → **left** | do 하다 → **did**
tell 말하다 → **told**
have 가지다 → **had**
make 만들다 → **made**
write 쓰다 → **wrote**
run 달리다 → **ran**
begin 시작하다 → **began**
drink 마시다 → **drank**
hear 듣다 → **heard**
teach 가르치다 → **taught**
bring 가져오다 → **brought**
choose 고르다 → **chose**
build (건물을) 짓다 → **built**
think 생각하다 → **thought**
take 데리고 가다 → **took** |

They **saw** a ghost. 그들은 유령을 봤다.
The boys **ran** fast. 그 소년들은 빠르게 달렸다.
She **found** her old toys. 그녀는 그녀의 오래된 장난감들을 찾았다.

● 현재형과 과거형의 형태가 동일한 동사들도 있어요.

| 형태가 같은 동사 | put 놓다 → **put**
beat 이기다 → **beat** | cut 자르다, 베다 → **cut**
hit 치다 → **hit** | read 읽다 → **read**
hurt 다치게 하다 → **hurt** |

I **put** the books on the desk. 나는 그 책들을 책상 위에 놓았다.
I **cut** the paper in half. 나는 종이를 반으로 잘랐다.

> **Tip** read의 현재형은 [ri:d], 과거형은 [red]로 발음이 달라지는 것에 유의해요.
>
> I **read** a book every day. 나는 매일 책을 읽는다.
> I **read** a book yesterday. 나는 어제 책을 읽었다.

CHECK UP

A ( ) 안에서 알맞은 과거형을 고르세요.

1 come   (comed / came)   **2** bring   (bringed / brought)

3 give   (gived / gave)   **4** forget   (forgot / forgets)

5 buy   (bought / buied)   **6** throw   (throwed / threw)

7 pay   (paid / payed)   **8** sing   (sang / singed)

9 draw   (drawed / drew)   **10** sit   (sitted / sat)

11 leave   (left / leaved)   **12** teach   (teached / taught)

B 우리말과 같은 뜻이 되도록 ( ) 안에서 알맞은 것을 고르세요.

1
그 소년은 수영장에서 수영했다.
The boy (swims / swam) in the pool.

2
그녀는 파란색 원피스를 골랐다.
She (chooses / chose) a blue dress.

3
그들은 매일 아침 우유를 마신다.
They (drink / drank) milk every morning.

4
나는 너를 위해 쿠키들을 만들었다.
I (made / make) cookies for you.

규칙적으로 변화하는 일반동사
과거형의 형태를 익혀요.

A 규칙 변화를 하는 동사입니다. 과거형으로 바꿔 쓰세요.

1 work ___worked___

2 hate _____

3 cook _____

4 enjoy _____

5 walk _____

6 pass _____

7 drop _____

8 cry _____

9 dry _____

10 plan _____

11 invite _____

12 wash _____

13 jump _____

14 stop _____

B 보기 에서 알맞은 단어를 골라 쓰세요.

| 보기 | visited | moved | listened | cleaned | cooked | started |

1 Mom ___cooked___ potato soup for breakfast.
엄마는 아침으로 감자 수프를 요리하셨다.

2 James _____ his grandparents.
James는 그의 조부모님을 방문했다.

3 We _____ the furniture.
우리는 가구를 옮겼다.

4 The movie _____ 10 minutes ago.
영화는 10분 전에 시작했다.

5 Steve _____ to classical music.
Steve는 클래식 음악을 들었다.

6 I _____ the bathroom an hour ago.
나는 한 시간 전에 욕실을 청소했다.

LET'S PRACTICE 2

불규칙적으로 변화하는 일반동사
과거형의 형태를 익혀요.

A 불규칙 변화를 하는 동사입니다. 과거형으로 바꿔 쓰세요.

1 forget	forgot		**2** speak		
3 choose			**4** hide		
5 throw			**6** fly		
7 build			**8** ride		
9 bring			**10** put		
11 hurt			**12** run		
13 have			**14** make		

B 밑줄 친 부분이 맞으면 ○, 틀리면 X 표시하세요.

1 He <u>drived</u> a car for the first time. ➜ _____X_____
그는 처음으로 차를 운전했다.

2 I <u>ate</u> pizza for dinner. ➜ _____
나는 저녁으로 피자를 먹었다.

3 We <u>do</u> the laundry last weekend. ➜ _____
우리는 지난 주말에 빨래를 했다.

4 Anna <u>reads</u> the book last week. ➜ _____
Anna는 그 책을 지난주에 읽었다.

5 The musical <u>began</u> 5 minutes late. ➜ _____
뮤지컬은 5분 늦게 시작했다.

6 She <u>buied</u> a new laptop yesterday. ➜ _____
그녀는 어제 새 노트북 컴퓨터를 샀다.

A 주어진 단어를 과거형으로 바꾸어 문장을 완성하세요.

1 I ____played____ soccer with my friends. (play) 나는 친구들과 축구를 했다.

2 The car _____ the wall. (hit) 그 차는 벽을 들이받았다.

3 I _____ your doll under the sofa. (find)
나는 네 인형을 소파 아래에서 찾았다.

4 Jim _____ an email to his teacher. (write)
Jim은 그의 선생님께 이메일을 썼다.

5 I _____ with Jim at the party. (dance) 나는 파티에서 Jim과 춤을 췄다.

6 Brad _____ the cup. (drop) Brad는 컵을 떨어뜨렸다.

7 She _____ Jim at the park. (meet) 그녀는 Jim을 공원에서 만났다.

8 I _____ my password. (forget) 나는 내 비밀번호를 잊어버렸다.

9 They _____ a movie on Friday. (watch) 그들은 금요일에 영화를 봤다.

10 He _____ French at that time. (study) 그는 그 당시에 프랑스어를 공부했다.

11 I _____ a bike yesterday. (ride) 나는 어제 자전거를 탔다.

12 Bora _____ shopping with her mom. (go)
보라는 그녀의 엄마와 쇼핑을 하러 갔다.

B 밑줄 친 부분이 맞으면 ○ 표시하고, 틀리면 바르게 고쳐 쓰세요.

1 My family <u>liveed</u> in America in 2012. → _____lived_____

우리 가족은 2012년에 미국에 살았다.

2 He <u>bought</u> a blue hat yesterday. → _____

그는 어제 파란색 모자를 샀다.

3 I <u>read</u> three books last month. → _____

나는 지난달에 책 세 권을 읽었다.

4 I <u>goed</u> to bed late last night. → _____

나는 지난밤에 늦게 잠들었다.

5 It <u>rainned</u> a lot last Monday. → _____

지난주 월요일에 비가 많이 왔다.

6 We <u>traveled</u> to many countries. → _____

우리는 많은 나라들로 여행했다.

7 The leaves <u>fell</u> from the tree. → _____

나뭇잎들이 나무에서 떨어졌다.

8 The baby <u>cryed</u> for an hour. → _____

그 아기는 한 시간 동안 울었다.

9 Eric <u>comes</u> back home an hour ago. → _____

Eric은 한 시간 전에 집으로 돌아왔다.

10 He <u>drinked</u> too much coffee yesterday. → _____

그는 어제 너무 많은 커피를 마셨다.

STEP UP 2

A 주어진 단어를 이용하여 현재시제와 과거시제 문장을 완성하세요.

1 eat

I ____eat____ eggs for breakfast every day. 나는 매일 아침으로 계란을 먹는다.

I ____ate____ pasta for lunch yesterday. 나는 어제 점심으로 파스타를 먹었다.

2 study

James _____ Spanish last year. James는 작년에 스페인어를 공부했다.

He _____ American history these days. 그는 요즘 미국의 역사를 공부한다.

3 get

Megan usually _____ up at 7 o'clock. Megan은 보통 7시에 일어난다.

She _____ up late yesterday. 그녀는 어제 늦게 일어났다.

4 read

Ben usually _____ comic books. Ben은 보통 만화책을 읽는다.

He _____ some novels last week. 그는 지난주에 소설 몇 권을 읽었다.

5 live

Anna and Dave _____ in Busan last year. Anna와 Dave는 작년에 부산에 살았다.

They _____ in China now. 그들은 지금 중국에 산다.

6 do

I _____ the laundry every Saturday. 나는 토요일마다 빨래를 한다.

I _____ my homework last night. 나는 지난밤에 숙제를 했다.

B 우리말과 같은 뜻이 되도록 보기 에서 알맞은 단어를 골라 과거형으로 바꾸세요.

| 보기 | wait | hide | buy | plant | feel | fly | ride | call | win |

1 Amy는 오랫동안 나를 기다렸다.

→ Amy _____waited_____ for me for a long time.

2 나는 여행을 위해 카메라를 샀다.

→ I _____ a camera for the trip.

3 그녀는 정원에 나무를 심었다.

→ She _____ a tree in the garden.

4 나는 지난밤에 Emily에게 전화했다.

→ I _____ Emily last night.

5 새들이 남쪽으로 빠르게 날아갔다.

→ Birds _____ fast to the south.

6 나는 놀이공원에서 롤러코스터를 탔다.

→ I _____ a roller coaster at an amusement park.

7 우리 팀이 결승전에서 이겼다.

→ Our team _____ the final game.

8 그 소녀는 그녀의 장난감을 침대 아래에 숨겼다.

→ The girl _____ her toy under the bed.

9 나는 외로움을 느꼈다.

→ I _____ lonely.

STEP UP 3

A 다음 문장을 과거시제로 바꿔 쓰세요.

1 My sister hates rainy days.   나의 여동생은 비 오는 날을 싫어한다.

→ _____ My sister hated rainy days. _____

2 Jake wants to be a baseball player.   Jake는 야구 선수가 되기를 원한다.

→ _____

3 The baby sleeps for 10 hours.   그 아기는 10시간 동안 잔다.

→ _____

4 I take Jisu to a movie.   나는 지수를 데리고 영화를 보러 간다.

→ _____

5 My brother drinks a lot of soda.   나의 오빠는 탄산음료를 많이 마신다.

→ _____

6 Steve makes pizza for his family.   Steve는 그의 가족을 위해 피자를 만든다.

→ _____

7 The boys dry their wet clothes.   그 소년들은 그들의 젖은 옷을 말린다.

→ _____

8 The students enjoy the field trip.   학생들은 소풍을 즐긴다.

→ _____

9 The girl hugs her teddy bear.   그 소녀는 그녀의 곰인형을 안는다.

→ _____

10 We go to the library.   우리는 도서관에 간다.

→ _____

B 사진을 보고 주어진 말을 이용하여 빈칸에 알맞은 말을 쓰세요.

1
I _____rode_____ _____a_____ _____horse_____ on Jeju-do. (ride, a horse)

나는 제주도에서 말을 탔다.

2
Peter _____ _____ _____ for lunch. (eat, a hamburger)

Peter는 점심으로 햄버거를 먹었다.

3
Kate _____ _____ _____ after dinner. (brush, her teeth)

Kate는 저녁을 먹은 후에 양치질을 했다.

4
I _____ _____ _____ for my dad. (buy, new shoes)

나는 아빠를 위해 새 신발을 샀다.

5
I _____ _____ _____ for you. (cook, this steak)

나는 너를 위해 이 스테이크를 요리했다.

6
My friends _____ to my _____ _____. (come, birthday party)

내 친구들이 나의 생일파티에 왔다.

A 밑줄 친 부분을 바르게 고쳐 문장을 다시 쓰세요.

1 It snowd a lot last month.   지난달에 눈이 많이 내렸다.

→ ___It snowed a lot last month.___

2 We plantted flowers in the spring.   우리는 봄에 꽃들을 심었다.

→ _____

3 I buied a backpack for my trip.   나는 내 여행을 위해 배낭을 샀다.

→ _____

4 I cutted my finger yesterday.   나는 어제 내 손가락을 베었다.

→ _____

5 Jim meets her at the party last year.   Jim은 그녀를 작년에 파티에서 만났다.

→ _____

6 She droped the plate on the floor.   그녀는 접시를 바닥에 떨어뜨렸다.

→ _____

7 He finded his wallet at the subway station.   그는 그의 지갑을 지하철역에서 찾았다.

→ _____

8 She taked her daughter to the dentist.   그녀는 그녀의 딸을 치과에 데리고 갔다.

→ _____

9 The man drived the car too fast.   그 남자는 차를 너무 빨리 운전했다.

→ _____

10 My son breaked the vase.   나의 아들이 그 꽃병을 깨뜨렸다.

→ _____

B 우리말과 같은 뜻이 되도록 주어진 말을 이용하여 문장을 쓰세요.

1 나는 크리스마스 카드를 썼다. (write a Christmas card)

→ _____ I wrote a Christmas card. _____

2 그녀는 빨간색 치마를 만들었다. (make a red skirt)

→ _____

3 그는 작년에 일본어를 배웠다. (learn Japanese, last year)

→ _____

4 그들은 도시에 살았다. (live in the city)

→ _____

5 그는 그의 다리를 다쳤다. (hurt his leg)

→ _____

6 그녀는 새 기계를 발명했다. (invent a new machine)

→ _____

7 나는 접시를 테이블 위에 놓았다. (put the plate, on the table)

→ _____

8 그녀는 어제 수학을 공부했다. (study math, yesterday)

→ _____

9 나는 지난주에 액션 영화를 봤다. (watch an action movie, last week)

→ _____

10 그는 조금 전에 시끄러운 소리를 들었다. (hear the loud noise, a minute ago)

→ _____

LEVEL UP

A 우리말과 같은 뜻이 되도록 빈칸에 알맞은 말을 쓰세요.

1

I ____put____ the plate ____on____ ____the____ ____table____.

나는 접시를 테이블 위에 놓았다.

2

_____ _____ a _____ for the first time.

그는 처음으로 차를 운전했다.

3

I _____ pizza _____ _____.

나는 저녁으로 피자를 먹었다.

4

_____ _____ the laundry _____ _____.

우리는 지난 주말에 빨래를 했다.

5

I _____ Emily _____ _____.

나는 지난밤에 Emily에게 전화했다.

6

_____ _____ _____ in the spring.

우리는 봄에 꽃들을 심었다.

B 우리말과 같은 뜻이 되도록 빈칸에 알맞은 말을 쓰세요.

1 Mom _____cooked_____ potato soup _____for_____ _____breakfast_____.
엄마는 아침으로 감자 수프를 요리하셨다.

2 I _____ the bathroom _____ _____ ago.
나는 한 시간 전에 욕실을 청소했다.

3 _____ _____ fast to the _____.
새들이 남쪽으로 빠르게 날아갔다.

4 She _____ _____ _____.
그녀는 어제 수학을 공부했다.

5 The girl _____ her _____ _____.
그 소녀는 그녀의 곰인형을 안았다.

6 I _____ a _____ _____ at an amusement park.
나는 놀이공원에서 롤러코스터를 탔다.

7 James _____ _____ _____.
James는 그의 조부모님을 방문했다.

8 Steve _____ _____ for his _____.
Steve는 그의 가족을 위해 피자를 만들었다.

9 I _____ _____ _____ under the sofa.
나는 네 인형을 소파 아래에서 찾았다.

10 The leaves _____ _____ the tree.
나뭇잎들이 나무에서 떨어졌다.

11 Amy _____ _____ _____ for a long time.
Amy는 오랫동안 나를 기다렸다.

12 I _____ _____ _____ yesterday.
나는 어제 내 손가락을 베었다.

Unit 03
일반동사 과거형의 부정문

● 일반동사 현재형의 부정문은 주어의 인칭과 수에 따라 형태가 달라져요.

현재형	I / We / You / They / 복수명사 + **do not** + 동사원형
	He / She / It / 단수명사 / 셀 수 없는 명사 + **does not** + 동사원형

I **do not** play soccer. 나는 축구를 하지 않는다.
She **does not** like coffee. 그녀는 커피를 좋아하지 않는다.

● 일반동사 과거형의 부정문은 항상 동사원형 앞에 did not을 쓰며 '~하지 않았다'의 의미예요.

과거형	모든 주어 + **did not** + 동사원형

I **did not** call him. 나는 그에게 전화하지 않았다.
He **did not** like my idea. 그는 내 생각을 좋아하지 않았다.
Dave **did not** walk to school. Dave는 학교에 걸어가지 않았다.

● did not은 didn't로 줄여 쓸 수 있어요.

I **didn't** play games yesterday. 나는 어제 게임을 하지 않았다.
They **didn't** know him. 그들은 그를 몰랐다.
Sarah **didn't** wash the dishes. Sarah는 설거지를 하지 않았다.

> **Tip** did not 뒤에 오는 동사는 항상 동사원형으로 써야 해요.
> I **did not** eat your cake. (O) 나는 너의 케이크를 먹지 않았다.
> I **did not** ate your cake. (X)

CHECK UP

정답 및 해설 p.6

A 일반동사 과거형의 부정문에 V 표시하세요.

1 I didn't watch the movie.   나는 그 영화를 보지 않았다.

2 He doesn't have his wallet now.   그는 지금 그의 지갑이 없다.

3 She didn't play basketball.   그녀는 농구를 하지 않았다.

4 The cars didn't move at all.   차들은 전혀 움직이지 않았다.

5 It wasn't rainy last night.   지난밤에는 비가 오지 않았다.

6 Nick didn't do the laundry.   Nick은 빨래를 하지 않았다.

7 We didn't go to Taiwan last year.   우리는 작년에 대만에 가지 않았다.

B (   ) 안에서 알맞은 것을 고르세요.

1 I (don't / (didn't)) go to the sea last weekend.   나는 지난 주말에 바다에 가지 않았다.

2 Sam (doesn't / didn't) wait for me yesterday.   Sam은 어제 나를 기다리지 않았다.

3 Sarah didn't (brush / brushes) her hair.   Sarah는 그녀의 머리를 빗지 않았다.

4 He (didn't / doesn't) go to bed early last night.   그는 지난밤에 일찍 자지 않았다.

5 Mike didn't (drink / drank) the juice.   Mike는 주스를 마시지 않았다.

6 She (didn't / doesn't) buy the book yesterday.   그녀는 어제 그 책을 사지 않았다.

7 It (doesn't / didn't) snow these days.   요즘은 눈이 내리지 않는다.

Unit 04

일반동사 과거형의 의문문

● 일반동사 현재형의 의문문은 주어의 인칭과 수에 따라 형태가 달라져요.

현재형 ~하니?	**Do** + I / We / You / They / 복수명사 + 동사원형 ~?
	Does + He / She / It / 단수명사 / 셀 수 없는 명사 + 동사원형 ~?

Do you have a bike? 너는 자전거를 갖고 있니?

Does she play the guitar? 그녀는 기타를 연주하니?

● 일반동사 과거형의 의문문은 주어의 인칭과 수에 상관없이 형태가 동일해요.

과거형 ~했니?	**Did** + 모든 주어 + 동사원형 ~?

Did you exercise yesterday? 너는 어제 운동했니?

Did she like the book? 그녀는 그 책을 좋아했니?

Did they enjoy the movie? 그들은 그 영화를 즐겼니?

● 일반동사 과거형의 의문문에 대한 긍정 대답은 「Yes, 주어 + did.」, 부정 대답은 「No, 주어 + didn't.」로 나타내요.

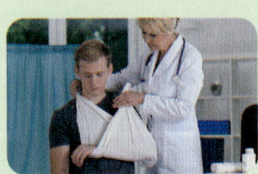

Did you hurt your arm yesterday? 너는 어제 네 팔을 다쳤니?

Yes, I **did**. / **No**, I **didn't**. 응, 그랬어. / 아니, 그렇지 않았어.

Did he call you last night? 그가 지난밤에 네게 전화를 했니?

Yes, he **did**. / **No**, he **didn't**. 응, 그랬어. / 아니, 그렇지 않았어.

> **Tip** 의문문의 주어가 일반명사나 고유명사일 때는 주어를 대명사로 바꿔서 대답해요.
>
> Did **Sam** write this letter? Sam이 이 편지를 썼니?
>
> Yes, **he** did. 응, 그랬어. / No, **he** didn't. 아니, 그렇지 않았어.

CHECK UP

정답 및 해설 p.6

A 빈칸에 들어갈 말로 알맞은 것을 고르세요.

1 _____ you take the exam yesterday?　　ⓐ Do　　ⓥ Did
너는 어제 시험을 봤니?

2 Did they _____ at the airport?　　ⓐ arrive　　ⓑ arrived
그들은 공항에 도착했니?

3 _____ he win a gold medal last year?　　ⓐ Does　　ⓑ Did
그는 작년에 금메달을 땄니?

4 Did she _____ food for you?　　ⓐ cook　　ⓑ cooks
그녀가 너를 위해 음식을 요리했니?

5 _____ his dog bark at you?　　ⓐ Does　　ⓑ Did
그의 개가 너에게 짖었니?

B ( ) 안에서 알맞은 것을 고르세요.

1
A: Did he play tennis?　그는 테니스를 쳤니?
B: Yes, he (did / didn't).　응, 그랬어.

2
A: Did you sleep well last night?　너는 지난밤에 잘 잤니?
B: (Yes / No), I didn't.　아니, 그렇지 않았어.

3
A: Did she (drink / drank) orange juice?
그녀는 오렌지 주스를 마셨니?
B: No, she (did / didn't).　아니, 그렇지 않았어.

4
A: (Does / Did) he fix the bike?　그는 자전거를 수리했니?
B: (Yes / No), he did.　응, 그랬어.

A 보기 에서 알맞은 단어를 골라 쓰세요. (중복 사용 가능)

> 보기   don't   doesn't   didn't

1 I _____ didn't _____ go camping last weekend.   나는 지난 주말에 캠핑을 가지 않았다.

2 We _____ have a car now.   우리는 지금 차가 없다.

3 He _____ eat out these days.   그는 요즘 외식을 하지 않는다.

4 She _____ work at a hotel last year.   그녀는 작년에 호텔에서 일하지 않았다.

5 I _____ watch a horror movie last night.
나는 지난밤에 공포 영화를 보지 않았다.

6 He _____ visit the doctor yesterday.   그는 어제 병원에 가지 않았다.

B 밑줄 친 부분이 맞으면 ○, 틀리면 X 표시하세요.

1 They <u>didn't hear</u> the good news.   → _____○_____
그들은 그 좋은 소식을 듣지 못했다.

2 We <u>didn't went</u> to the Italian restaurant.   → _____
우리는 그 이탈리아 식당에 가지 않았다.

3 My cat <u>doesn't sleep</u> on the bed yesterday.   → _____
나의 고양이는 어제 침대 위에서 자지 않았다.

4 The bus <u>didn't hit</u> the car.   → _____
그 버스는 차를 치지 않았다.

5 Mom <u>didn't dries</u> my wet shirt.   → _____
엄마는 나의 젖은 셔츠를 말리지 않으셨다.

6 The baseball game <u>didn't end</u> at 8 o'clock.   → _____
야구 경기는 8시에 끝나지 않았다.

A 질문에 알맞은 대답에 연결하세요.

1 Did you finish your homework? •
너는 숙제를 끝냈니?

2 Did Amy buy a birthday cake? •
Amy는 생일 케이크를 샀니?

3 Did they bake the cookies? •
그들이 그 쿠키를 구웠니?

4 Did Robert visit your office? •
Robert가 너의 사무실을 방문했니?

5 Did your computer work well? •
너의 컴퓨터는 잘 작동했니?

• ⓐ Yes, he did.
응, 그랬어.

• ⓑ No, they didn't.
아니, 그렇지 않았어.

• ⓒ Yes, I did.
응, 그랬어.

• ⓓ No, she didn't.
아니, 그렇지 않았어.

• ⓔ No, it didn't.
아니, 그렇지 않았어.

B 빈칸에 알맞은 말을 넣어 대화를 완성하세요.

1 A: Did you get my email?
너는 내 이메일을 받았니?

B: Yes, I _____did_____.
응, 그랬어.

2 A: Did she like your song?
그녀는 너의 노래를 좋아했니?

B: No, she _____.
아니, 그렇지 않았어.

3 A: Does he drink coffee every morning?
그는 매일 아침 커피를 마시니?

B: Yes, he _____.
응, 그래.

4 A: Did you and Jane have a fight?
너와 Jane이 싸웠니?

B: No, we _____.
아니, 그렇지 않았어.

5 A: Did your students solve the problem?
당신의 학생들은 그 문제를 풀었나요?

B: Yes, they _____.
네, 그랬어요.

6 A: Do you often play games?
너는 게임을 자주 하니?

B: No, I _____.
아니, 그렇지 않아.

Chapter 02   **67**

A 주어진 말을 이용하여 빈칸에 알맞은 말을 쓰세요. (부정문은 축약형으로 쓰세요.)

1 He ___didn't___ ___write___ this song. (write)
그는 이 노래를 쓰지 않았다.

2 They _____ _____ in the classroom. (run)
그들은 교실에서 뛰지 않았다.

3 _____ you _____ your passport? (lose)
너는 너의 여권을 잃어버렸니?

4 _____ you _____ French toast for breakfast? (eat)
너는 아침으로 프렌치 토스트를 먹었니?

5 I _____ _____ the answer to the question. (know)
나는 그 질문에 대한 답을 알지 못했다.

6 _____ the boys _____ a taxi? (take)
그 소년들은 택시를 탔니?

7 Jason _____ _____ a black shirt yesterday. (wear)
Jason은 어제 검정색 셔츠를 입지 않았다.

8 _____ your brother _____ a new car? (buy)
너의 형은 새 차를 샀니?

9 They _____ _____ my name. (forget)
그들은 내 이름을 잊지 않았다.

10 Dave _____ _____ the phone. (answer)
Dave는 전화를 받지 않았다.

11 _____ your team _____ the game? (win)
너의 팀이 경기에서 이겼니?

12 _____ you _____ to music this morning? (listen)
너는 오늘 아침에 음악을 들었니?

B 밑줄 친 부분이 맞으면 ○ 표시하고, 틀리면 바르게 고쳐 쓰세요.

1 Amy <u>doesn't</u> know James before. ➡ _____didn't_____
Amy는 전에 James를 몰랐다.

2 Did the ship <u>arrived</u> at the port? ➡ _____
배가 항구에 도착했니?

3 I <u>don't</u> have a laptop right now. ➡ _____
나는 지금 노트북 컴퓨터가 없다.

4 A: Did you win a silver medal last year? ➡ _____
　　　너는 작년에 은메달을 땄니?
B: Yes, I <u>do</u>.　응, 그랬어.

5 He <u>doesn't</u> buy the smartphone yesterday. ➡ _____
그는 어제 스마트폰을 사지 않았다.

6 <u>Did</u> you watch TV this morning? ➡ _____
너는 오늘 아침에 TV를 봤니?

7 A: Did he play hockey?　그는 하키를 했니? ➡ _____
B: Yes, he <u>didn't</u>.　응, 그랬어.

8 It <u>didn't</u> rain these days. ➡ _____
요즘 비가 내리지 않는다.

9 They <u>didn't</u> miss the airplane last week. ➡ _____
그들은 지난주에 비행기를 놓치지 않았다.

10 A: <u>Does</u> your cat sleep on the floor? ➡ _____
　　　 너의 고양이는 바닥에서 잤니?
B: Yes, it did.　응, 그랬어.

A 밑줄 친 부분을 바르게 고쳐 쓰세요.

1 I don't miss the train yesterday.　　➡ <u>　　didn't miss　　</u>
나는 어제 기차를 놓치지 않았다.

2 Did she found her backpack?　　➡ <u>　　　　　　</u>
그녀는 그녀의 배낭을 찾았니?

3 Did you locked the door?　　➡ <u>　　　　　　</u>
너는 문을 잠갔니?

4 He doesn't pass the test yesterday.　　➡ <u>　　　　　　</u>
그는 어제 시험을 통과하지 않았다.

5 James didn't travels to Africa.　　➡ <u>　　　　　　</u>
James는 아프리카로 여행을 가지 않았다.

6 Does he move to Seoul last year?　　➡ <u>　　　　　　</u>
그는 작년에 서울로 이사했니?

7 The man didn't sold the painting.　　➡ <u>　　　　　　</u>
그 남자는 그 그림을 팔지 않았다.

8 Did you brought your umbrella?　　➡ <u>　　　　　　</u>
너는 너의 우산을 가지고 왔니?

9 She didn't understood my joke.　　➡ <u>　　　　　　</u>
그녀는 나의 농담을 이해하지 못했다.

10 Does Mia walk her dog last week?　　➡ <u>　　　　　　</u>
Mia는 지난주에 그녀의 개를 산책시켰니?

B 사진을 보고 주어진 말을 이용하여 빈칸에 알맞은 말을 쓰세요.

1

A: _____Did_____ they _____ride_____ bikes? (ride)
그들은 자전거를 탔니?

B: Yes, they did. 응, 그랬어.

2

I _____ _____ my homework yesterday. (do)
나는 어제 숙제를 하지 않았다.

3

Amy _____ _____ muffins for a snack. She _____ donuts. (eat)
Amy는 간식으로 머핀을 먹지 않았다. 그녀는 도넛을 먹었다.

4

A: _____ you _____ tennis yesterday? (play) 너는 어제 테니스를 쳤니?

B: No, I _____. 아니, 그렇지 않았어.

5

A: _____ they _____ to the mountain? (go) 그들은 산에 갔니?

B: Yes, they _____. 응, 그랬어.

6

He _____ _____ milk yesterday.

He _____ juice. (drink)
그는 어제 우유를 마시지 않았다. 그는 주스를 마셨다.

A 빈칸에 알맞은 말을 써서 부정문으로 바꾸세요.

1 Lucy went to school yesterday.   Lucy는 어제 학교에 갔다.

→ Lucy ____didn't____ ____go____ to school yesterday.

2 The students understood the lecture.   학생들은 그 강의를 이해했다.

→ The students _____ _____ the lecture.

3 The noise woke him up.   그 소음은 그를 깨웠다.

→ The noise _____ _____ him up.

4 My brother read comic books.   내 남동생은 만화책들을 읽었다.

→ My brother _____ _____ comic books.

5 My parents bought new furniture.   내 부모님은 새 가구를 사셨다.

→ My parents _____ _____ new furniture.

B 우리말과 같은 뜻이 되도록 보기 에서 알맞은 동사를 골라 의문문을 완성하세요.

보기	bring	enjoy	lock	visit	lose

1 그들은 파티를 즐겼니?

→ ____Did____ they ____enjoy____ the party?

2 그녀는 그녀의 친구를 데리고 왔니?

→ _____ she _____ her friend?

3 Sam은 그의 할머니를 방문했니?

→ _____ Sam _____ his grandmother?

4 너는 너의 우산을 잃어버렸니?

→ _____ you _____ your umbrella?

5 너는 창문을 잠갔니?

→ _____ you _____ the windows?

C 빈칸에 알맞은 말을 써서 부정문과 의문문을 각각 완성하세요. (부정문은 축약형으로 쓰세요.)

1 Mom baked this cake.   엄마가 이 케이크를 구우셨다.

→ _____ Mom didn't bake _____ this cake.

→ _____ Did Mom bake _____ this cake?

2 The basketball game ended at 5 o'clock.   농구 경기는 5시에 끝났다.

→ _____ at 5 o'clock.

→ _____ at 5 o'clock?

3 She bought a coat for her brother.   그녀는 그녀의 남동생을 위해 코트를 샀다.

→ _____ for her brother.

→ _____ for her brother?

4 They heard the noise from outside.   그들은 바깥으로부터의 소음을 들었다.

→ _____ from outside.

→ _____ from outside?

5 You got a present from Mason.   너는 Mason에게 선물을 받았다.

→ _____ from Mason.

→ _____ from Mason?

6 He forgot my phone number.   그는 내 전화번호를 잊어버렸다.

→ _____ my phone number.

→ _____ my phone number?

7 Dave hurt his leg in a soccer game.   Dave는 축구 경기에서 그의 다리를 다쳤다.

→ _____ in a soccer game.

→ _____ in a soccer game?

STEP UP 4

A 다음 문장을 주어진 지시대로 바꿔 쓰세요. (부정문은 축약형으로 쓰세요.)

1 She found her puppy. (의문문) 그녀는 그녀의 강아지를 찾았다.

→ _____ Did she find her puppy? _____

2 My sister washed her hands. (부정문) 내 여동생은 손을 씻었다.

→ _____

3 Dan traveled to Taiwan. (의문문) Dan은 대만으로 여행을 갔다.

→ _____

4 I took her to a new restaurant. (부정문) 나는 그녀를 새로운 식당에 데리고 갔다.

→ _____

5 The runner finished the race. (부정문) 그 주자는 경주를 끝냈다.

→ _____

6 Her headphones worked well. (의문문) 그녀의 헤드폰은 잘 작동했다.

→ _____

7 Noah wrote this novel. (의문문) Noah가 이 소설을 썼다.

→ _____

8 Janet wore a blue skirt. (부정문) Janet은 파란색 치마를 입었다.

→ _____

9 Mia sold her car. (의문문) Mia는 그녀의 차를 팔았다.

→ _____

10 Sam ate bread for breakfast. (부정문) Sam은 아침으로 빵을 먹었다.

→ _____

B 우리말과 같은 뜻이 되도록 주어진 말을 이용하여 문장을 쓰세요. (부정문은 축약형으로 쓰세요.)

1 그녀는 식당에서 일하지 않았다. (work at a restaurant)

➜ _____ She didn't work at a restaurant. _____

2 그들은 학교에 갔니? (go to school)

➜ _____

3 나는 창문을 열지 않았다. (open the window)

➜ _____

4 그가 이 수프를 요리했니? (cook this soup)

➜ _____

5 그녀는 그녀의 차를 수리했니? (fix her car)

➜ _____

6 나는 지난 주말에 쇼핑을 가지 않았다. (go shopping, last weekend)

➜ _____

7 너는 어제 코미디 영화를 봤니? (watch a comedy movie, yesterday)

➜ _____

8 우리는 버스를 기다리지 않았다. (wait for the bus)

➜ _____

9 나는 지난밤에 소파에서 잠을 자지 않았다. (sleep on the sofa, last night)

➜ _____

10 너는 이를 닦았니? (brush your teeth)

➜ _____

LEVEL UP

A 우리말과 같은 뜻이 되도록 빈칸에 알맞은 말을 쓰세요.

1

_____Did_____ Mia _____walk_____ _____her_____ _____dog_____ last week?

Mia는 지난주에 그녀의 개를 산책시켰니?

2

A: _____ your computer _____ _____? 너의 컴퓨터는 잘 작동했니?

B: No, it _____. 아니, 그렇지 않았어.

3

He _____ _____ _____ _____ early last night.

그는 지난밤에 일찍 자지 않았다.

4

The _____ _____ _____ the lecture.

학생들은 그 강의를 이해하지 못했다.

5

Sam _____ _____ bread for _____.

Sam은 아침으로 빵을 먹지 않았다.

6

A: _____ he _____ a gold medal _____ _____? 그는 작년에 금메달을 땄니?

B: Yes, he did. 응, 그랬어.

B 우리말과 같은 뜻이 되도록 빈칸에 알맞은 말을 쓰세요.

1 <u>   Did   </u> <u>   he   </u> <u>   fix   </u> the bike?

그는 자전거를 수리했니?

2 I _____ _____ _____ last weekend.

나는 지난 주말에 캠핑을 가지 않았다.

3 Sam _____ _____ _____ _____

yesterday.   Sam은 어제 나를 기다리지 않았다.

4 _____ _____ _____ _____ _____

a fight?   너와 Jane이 싸웠니?

5 _____ your brother _____ a _____ _____ ?

너의 형은 새 차를 샀니?

6 _____ _____ _____ my name.

그들은 내 이름을 잊지 않았다.

7 _____ _____ _____ at the airport?

그들은 공항에 도착했니?

8 She _____ _____ at a hotel _____ _____ .

그녀는 작년에 호텔에서 일하지 않았다.

9 The _____ _____ _____ at all.

차들은 전혀 움직이지 않았다.

10 _____ his dog _____ _____ _____ ?

그의 개가 너에게 짖었니?

11 The _____ _____ _____ _____ at

8 o'clock.   야구 경기는 8시에 끝나지 않았다.

12 _____ Robert visit _____ _____ ?

Robert가 너의 사무실을 방문했니?

[1~3] 사진을 보고 보기의 단어를 이용하여 빈칸에 알맞은 말을 쓰세요.

| 보기 | get | have | play |

1

The girl _____ the piano an hour ago.

2

She _____ up early every day.

3

I _____ pizza for lunch yesterday.

[4~5] 일반동사의 현재형과 과거형이 <u>잘못</u> 짝지어진 것을 고르세요.

4 ① cry – cried
② sleep – slept
③ put – put
④ find – finded

5 ① plan – planed
② arrive – arrived
③ choose – chose
④ write – wrote

[6~7] 빈칸에 들어갈 알맞은 말을 고르세요.

6

> My dad _____ a cold three days ago.

① catch   ② catches   ③ caught   ④ catched

7

> A: Did Peter break the vase?
> B: _____ I did.

① Yes, he does.   ② No, he doesn't.

③ Yes, he did.   ④ No, he didn't.

8 우리말을 영어로 바르게 옮긴 것을 고르세요.

> 그녀는 시험에 합격하지 못했다.

① She doesn't pass the exam.

② She doesn't passed the exam.

③ She didn't pass the exam.

④ She didn't passed the exam.

9 빈칸에 들어갈 말이 나머지와 <u>다른</u> 것을 고르세요.

① _____ you exercise every morning?

② I _____ not read a book last night.

③ _____ your brother clean his room yesterday?

④ She _____ not buy any food last week.

10 빈칸에 들어갈 말이 바르게 짝지어진 것을 고르세요.

> · Did you _____ my birthday?
> · We _____ go to the museum last Sunday.

① forget – don't

② forget – didn't

③ forgot – don't

④ forgot – didn't

[11~12] 어법상 올바른 문장을 고르세요.

11 ① They arrive in Seoul last night.

② Kelly bought a new sofa yesterday.

③ It snow a lot last month.

④ I hurted my leg before.

12 ① Did he turned on the radio?

② Jake didn't wrote an email to her.

③ We don't live in Beijing before.

④ Did you eat out last night?

13 다음 문장을 주어진 지시대로 바꿔 쓰세요. (부정문은 축약형으로 쓰세요.)

(1)
> Ms. Jones teaches science at a middle school. (과거형)

→ _____

(2)

> I lost my passport at the airport. (부정문)

→ _____

서술형
14 우리말과 같은 뜻이 되도록 주어진 말을 이용하여 문장을 완성하세요.

> Daniel은 어제 흰색 셔츠를 입었다.
> (wear, a white shirt)

→ _____ yesterday.

서술형
15 다음 대화를 읽고 **틀린** 부분을 세 군데 찾아 바르게 고쳐 쓰세요.

A: Do you go to a movie last weekend?

B: No, I didn't. I watch a musical.

A: That sounds cool. Was it good?

B: Yes, it was. I didn't understood the
   story at first. But I loved the music.

(1) _____ → _____   (2) _____ → _____

(3) _____ → _____

실전 Test 01회

[1~2] 일반동사의 현재형과 과거형이 <u>잘못</u> 짝지어진 것을 고르세요.

1 ① invite – invited

② study – studied

③ drop – dropped

④ enjoy – enjoied

2 ① bring – brought

② swim – swam

③ sit – sitted

④ know – knew

[3~5] 빈칸에 들어갈 알맞은 말을 고르세요.

3
> A: Did you ride your bikes yesterday?
> B: _____ We went hiking.

① Yes, we do.

② No, we don't.

③ Yes, we did.

④ No, we didn't.

4
> Julie _____ some flowers last weekend.

① buy

② buys

③ bought

④ buyed

5
> I _____ check my email. I forgot my password.

① can

② cannot

③ must not

④ may

6 밑줄 친 부분의 의미가 바르지 <u>않은</u> 것을 고르세요.

① I <u>am able to speak</u> Chinese.
- 말할 수 있다

② Emily <u>has to do</u> her homework alone. - 해야 한다

③ You <u>may stay</u> here today.
- 머물러야 한다

④ We <u>must practice</u> hard.
- 연습해야 한다

[7~8] 빈칸에 들어갈 수 <u>없는</u> 말을 고르세요.

7

> You _____ play on the street. It's not safe.

① cannot   ② don't have to

③ must not   ④ may not

8

> She _____ last night.

① drove us home

② watched a movie

③ listens to music

④ stayed at home

[9~10] 밑줄 친 부분이 <u>어색한</u> 것을 고르세요.

9 ① You <u>don't have to wear</u> a suit.

② He <u>is able to play</u> the guitar.

③ She <u>has to clean</u> her room.

④ You <u>must ride not</u> a bike here.

10 ① Did you <u>make</u> the cookies?

② They <u>didn't won</u> the game.

③ Taylor <u>lived</u> in Seoul five years ago.

④ I <u>saw</u> them at the mall yesterday.

11 우리말을 영어로 바르게 옮긴 것을 고르세요.

> 너는 그녀의 이름을 잊었니?

① Do you forget her name?

② Do you forgot her name?

③ Did you forget her name?

④ Did you forgot her name?

12 밑줄 친 부분의 의미가 나머지와 <u>다른</u> 것을 고르세요.

① <u>Can</u> I drink the juice?

② <u>Can</u> Jake pass the test?

③ You <u>can</u> go out tonight.

④ <u>Can</u> I borrow your eraser?

[13~14] 빈칸에 들어갈 말이 바르게 짝지어진 것을 고르세요.

13

> · May I _____ your ticket?
> · _____ he have to read the book?

① sees – Do ② sees – Does

③ see – Does ④ see – Do

14

> I usually _____ rice for breakfast, but yesterday morning I _____ some fruit.

① have – had ② had – have

③ have – have ④ had – had

15 어법상 올바른 문장을 고르세요.

① The festival beginned last Tuesday.

② They come back to Korea three months ago.

③ We meeted at the park yesterday.

④ He went to bed at 10 last night.

[16~17] 어법상 **틀린** 문장을 고르세요.

16 ① Did he buy his pants online?

② We didn't played baseball last Sunday.

③ Did they go camping yesterday?

④ She didn't miss the plane.

17 ① Is he able to bakes cookies?

② You must not waste time.

③ Do I have to get up early?

④ You may bring your dog here.

18 대화가 어색한 것을 고르세요.

① A: Must I wait for them?
B: No, you don't have to.

② A: May I sit here?
B: Yes, you may.

③ A: Is she able to read Korean?
B: No, she isn't.

④ A: Can you close the door?
B: Yes, you can.

19 다음 문장을 주어진 지시대로 바꿔 쓰세요.

(1)
> She has to wear a helmet. (의문문)

→ _____

_____

(2)
> Daddy makes salad for us. (과거형)

→ _____

_____

20 두 문장이 같은 의미가 되도록 빈칸에 알맞은 말을 쓰세요.

> He cannot finish the work today.
> → He _____ _____
> _____ _____
> _____ the work today.

21 우리말과 같은 뜻이 되도록 주어진 말을 이용하여 문장을 완성하세요.

> Henry는 오늘 아침에 우유를 마시지 않았다.
> (drink, milk)

→ _____

this morning.

22 보기 에서 알맞은 말을 골라 그림을 설명하는 문장을 완성하세요. (필요하면 형태를 바꾸세요.)

| 보기 | eat | meet | study |

> Yesterday, Anna _____
> Jenny. They _____
> math at a café. They also
> _____ snacks there.

Chapter

03

명령문

 **Unit 01** 긍정 명령문

 **Unit 02** 부정 명령문

1 명령문의 의미에 대해 알아보아요.
2 긍정 명령문의 형태에 대해 알아보아요.
3 부정 명령문의 형태에 대해 알아보아요.

모르는 단어에 체크해 보세요.

order
주문하다

share
나누다

raise
올리다

rude
무례한

straight
똑바로, 곧은

worry
걱정하다

mistake
실수

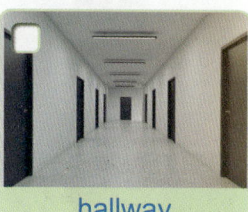
hallway
복도

waste
낭비하다

press
누르다

spend
(시간, 돈을) 쓰다

bother
괴롭히다

safety glove
안전 장갑

mess up
어질러 놓다

watch out
조심하다

lizard
도마뱀

report card
성적표

remove
제거하다

polite
공손한

customer
고객

긍정 명령문

● 명령문은 상대방에게 '~해라', 또는 '~하지 마라'라고 지시할 때 사용하는 문장이에요.

[긍정 명령문]

Be quiet. 조용히 해라.

Check your schedule. 너의 일정을 확인해라.

[부정 명령문]

Don't run here. 여기에서 뛰지 마라.

Don't touch those monkeys. 저 원숭이들을 만지지 마라.

● 긍정 명령문은 동사원형으로 시작하고 '~해라'라고 해석해요. 듣는 대상(you, 당신)이 명확하기 때문에 주어를 생략해요.

You **close** the door.   [평서문]
너는 문을 닫는다.

Close the door.   [명령문]
문을 닫아라.

You **clean** your room.   [평서문]
너는 너의 방을 청소한다.

Clean your room.   [명령문]
너의 방을 청소해라.

> **Tip** 명령문의 앞이나 뒤에 please를 쓰면 더 공손한 표현이 돼요.
>
> Turn off the light, **please**. 불을 꺼주세요.
>
> **Please** order some pizza. 피자를 좀 주문해주세요.

CHECK UP

정답 및 해설 p.8

A 명령문에 V 표시하세요.

1 You lock the door.

2 Wash your hands. ✓

3 Get out of here.

4 They went to the party.

5 Please come to my house.

6 Share the food with your friends.

7 He drinks lots of water.

B ( ) 안에서 알맞은 것을 고르세요.

1 (Look / Looking) at those buildings. 저 건물들을 봐라.

2 (Tell / Tells) her your secret. 그녀에게 너의 비밀을 말해줘라.

3 Please (have / having) a seat. 자리에 앉아주세요.

4 (To turn / Turn) down the volume. 볼륨을 줄여라.

5 Please (be / is) careful. 조심하세요.

6 (Give please / Please give) me your address. 나에게 당신의 주소를 주세요.

7 (Throw / Throws) the ball over there. 공을 저쪽에 던져라.

8 Raise (please, your hand / your hand, please). 손을 들어주세요.

Unit 02

부정 명령문

● 부정 명령문은 「Don't + 동사원형 ~」의 형태로 나타내고 '~하지 마라'라고 해석해요.

You **don't** walk around.　　[평서문]
너는 돌아다니지 않는다.

Don't walk around.　　[명령문]
돌아다니지 마라.

You **aren't** rude.　　[평서문]
너는 무례하지 않다.

Don't be rude.　　[명령문]
무례하게 굴지 마라.

You **don't** touch the animals.　　[평서문]
너는 동물들을 만지지 않는다.

Don't touch the animals.　　[명령문]
동물들을 만지지 마라.

● Don't 대신 Never를 쓰면 '절대 ~하지 마라'라는 강한 금지의 의미를 나타낼 수 있어요.

Never stand on a chair. 절대 의자 위에 올라서지 마라.
Never send me an email. 절대 나에게 이메일을 보내지 마라.
Never tell a lie. 절대 거짓말하지 마라.

> **Tip** 부정 명령문은 금지의 의미이므로 강한 금지를 나타내는 조동사 must not과 바꿔 쓸 수 있어요.
>
> **Don't** touch the paintings. = You **must not** touch the paintings.　그 그림들을 만지지 마라.
> **Never** swim in the river. = You **must not** swim in the river.　절대 강에서 수영하지 마라.

A 빈칸에 들어갈 말로 알맞은 것을 고르세요.

1 _____ start the game.
게임을 시작하지 마라.

ⓐ Not   ✓ⓑ Don't

2 Don't _____ this book.
이 책을 읽지 마라.

ⓐ read   ⓑ reading

3 Don't _____ your dog here.
여기서 너의 개를 산책시키지 마라.

ⓐ walk   ⓑ walks

4 _____ leave me alone.
절대 나를 혼자 남겨두지 마라.

ⓐ Never   ⓑ Not

5 Don't _____ afraid.
두려워하지 마라.

ⓐ is   ⓑ be

B 다음 그림과 문장을 바르게 연결하세요.

1  • - - - - - - - • ⓐ Don't eat food here.

2  • • ⓑ Don't use your cell phone here.

3  • • ⓒ Don't take pictures here.

4  • • ⓓ Don't smoke here.

LET'S PRACTICE 1 긍정 명령문의 형태를 익혀요.

A 밑줄 친 부분이 맞으면 ○, 틀리면 X 표시하세요.

1 <u>Bring</u> your toys.
너의 장난감들을 가져와라.
→ ○

2 <u>To go</u> straight two blocks.
두 블록을 직진해라.
→ _____

3 <u>Helping</u> your mom right now.
지금 너의 엄마를 도와라.
→ _____

4 <u>Please call</u> me back.
제게 다시 전화해주세요.
→ _____

5 <u>Feels</u> the fresh air.
신선한 공기를 느껴라.
→ _____

6 <u>Pass</u> me the sugar, please.
제게 설탕을 건네주세요.
→ _____

B 보기 에서 알맞은 단어를 골라 쓰세요.

보기	do	cross	eat	look	remember	fill

1 _____Cross_____ the street here.   여기서 길을 건너라.

2 Please _____ my name.   내 이름을 기억해주세요.

3 _____ some healthy food.   건강한 음식을 좀 먹어라.

4 _____ your homework first.   숙제를 먼저 해라.

5 _____ at the painting.   그림을 봐라.

6 _____ in the blanks with the right answers.
맞는 답들로 빈칸들을 채워라.

A ( ) 안에서 알맞은 것을 고르세요.

1 (Don't look / Look don't) back.   뒤를 돌아보지 마라.

2 Don't (worry / worries) about that problem.   그 문제에 대해 걱정하지 마라.

3 Never (swim / to swim) here, please.   여기에서 절대 수영하지 마세요.

4 (Talk don't / Don't talk) too slowly.   너무 느리게 말하지 마라.

5 Don't (stay / staying) up late at night.   밤늦게까지 깨어있지 마라.

6 (Don't / Doesn't) make any mistakes.   어떤 실수도 하지 마라.

7 (Speak never / Never speak) during an exam.   시험 중에 절대 말하지 마라.

B 밑줄 친 부분을 바르게 고쳐 쓰세요.

1 <u>Do forget not</u> their address.   →   _____Don't forget_____
그들의 주소를 잊지 마라.

2 <u>Don't singing</u> too loud at night.   →   _____
밤에 너무 크게 노래하지 마라.

3 <u>Run never</u> in the hallway.   →   _____
복도에서 절대 뛰지 마라.

4 Please <u>don't to pick</u> the apples.   →   _____
사과들을 따지 마세요.

5 <u>Don't is</u> late, please.   →   _____
늦지 마세요.

6 <u>Never opens</u> the box.   →   _____
그 상자를 절대 열지 마라.

A 주어진 단어를 이용하여 명령문을 완성하세요.

1 ___Watch___ this video. (watch) 이 영상을 봐라.

2 _____ _____ your friend. (push) 네 친구를 밀지 마라.

3 _____ here by tomorrow. (leave) 내일까지 이곳을 떠나라.

4 _____ _____ water. (waste) 물을 낭비하지 마라.

5 _____ this picture, please. (paint) 이 그림을 칠해주세요.

6 _____ this blue skirt. (wear) 이 파란색 치마를 입어라.

7 _____ _____ breakfast. (skip) 아침을 거르지 마라.

8 Please _____ to your seat. (return) 당신의 자리로 돌아가주세요.

9 _____ _____ the button, please. (press)
그 버튼을 누르지 마세요.

10 _____ _____ these colors. (mix) 이 색들을 섞지 마라.

11 Please _____ _____ a bike here. (ride)
여기서 자전거를 타지 마세요.

12 _____ some time with your mom. (spend) 너의 엄마와 시간을 좀 보내라.

B 다음 문장을 명령문으로 바꿔 쓸 때 빈칸에 알맞은 말을 쓰세요.

1 You take a bus over there.   너는 저기 있는 버스를 탄다.

➜ _____Take_____ a bus over there.

2 You check your email.   너는 너의 이메일을 확인한다.

➜ _____ your email.

3 You aren't sad.   너는 슬퍼하지 않는다.

➜ _____ sad.

4 You put onions into the bowl.   너는 그릇에 양파들을 넣는다.

➜ _____ onions into the bowl.

5 You don't bother your sister.   너는 너의 여동생을 괴롭히지 않는다.

➜ _____ your sister.

6 You don't prepare the food for them.   너는 그들을 위해 음식을 준비하지 않는다.

➜ _____ the food for them.

7 You take out your book.   너는 네 책을 꺼낸다.

➜ _____ your book.

8 You don't drink too much soda.   너는 탄산음료를 너무 많이 마시지 않는다.

➜ _____ too much soda.

9 You bring your camera.   너는 너의 카메라를 가져온다.

➜ _____ your camera.

10 You don't forget your schedule.   너는 너의 일정을 잊지 않는다.

➜ _____ your schedule.

STEP UP 2

A 사진을 보고 주어진 말을 이용하여 문장을 완성하세요.

1

_____Don't climb up_____ the tree. (climb up)

나무를 오르지 마라.

2

_____ at the corner.

(turn right)

모퉁이에서 오른쪽으로 돌아라.

3

_____ the flowers. (pick)

꽃들을 꺾지 마라.

4

_____ here. (swim)

여기서 수영하지 마라.

5

_____ the earth, please.

(save)

지구를 구해주세요.

6

_____ safety gloves here.

(wear)

여기서는 안전 장갑을 껴라.

B 우리말과 같은 뜻이 되도록 보기 에서 알맞은 말을 골라 쓰세요. (필요하면 형태를 바꾸세요.)

| 보기 | erase | touch | mess up | take | ask |
| | watch out | go | be | plant | |

1 이 선을 지우지 마라.

→ _____Don't erase_____ this line.

2 밖으로 나가지 마라.

→ _____ outside.

3 용기를 내라.

→ _____ brave.

4 트럭들을 조심해라.

→ _____ for the trucks.

5 도마뱀을 만지지 마라.

→ _____ the lizard.

6 네 방을 어질러 놓지 마라.

→ _____ your room.

7 이 우산을 가져가라.

→ _____ this umbrella.

8 여기에 나무 네 그루를 심어라.

→ _____ four trees here.

9 나에게 묻지 마라.

→ _____ me.

Ⓐ 다음 긍정 명령문을 부정 명령문으로 바꿔 쓰세요.

1 Run here.　여기서 뛰어라.

➡ _____ Don't run here. _____

2 Hide your report card.　네 성적표를 숨겨라.

➡ _____

3 Be selfish.　이기적으로 굴어라.

➡ _____

4 Ask me about Jenny.　나에게 Jenny에 대해 물어라.

➡ _____

5 Lock the door.　문을 잠가라.

➡ _____

6 Be a lazy student.　게으른 학생이 되어라.

➡ _____

7 Remove the stickers, please.　스티커들을 제거해주세요.

➡ _____

8 Please open your eyes.　눈을 뜨세요.

➡ _____

9 Prepare for the performance.　그 공연을 준비해라.

➡ _____

10 Sing on the stage.　무대 위에서 노래해라.

➡ _____

B 우리말과 같은 뜻이 되도록 주어진 말을 바르게 배열하세요.

1 이 분홍색 원피스를 입어라. (this / pink dress / wear / .)

➡ _____Wear this pink dress._____

2 밤에 바이올린을 켜지 마라. (play / the violin / don't / at night / .)

➡ _____

3 여기서 절대 다이빙하지 마라. (dive / never / here / .)

➡ _____

4 이 복숭아들을 따라. (pick / peaches / these / .)

➡ _____

5 고객들에게 공손하게 대해라. (polite / be / to the customers / .)

➡ _____

6 그녀에게 절대 편지를 보내지 마라. (send her / a letter / never / .)

➡ _____

7 새치기 하지 마라. (don't / line / cut in / .)

➡ _____

8 너의 사무실을 청소해라. (your / clean / office / .)

➡ _____

9 긴장하지 마라. (be / nervous / don't / .)

➡ _____

10 내 생일을 기억해라. (remember / birthday / my / .)

➡ _____

STEP UP 4

A 밑줄 친 부분을 바르게 고쳐 문장을 다시 쓰세요.

1 <u>To watch</u> this movie with your girlfriend.   네 여자친구와 함께 이 영화를 봐라.

➡ _____ Watch this movie with your girlfriend. _____

2 <u>Doesn't mix</u> the salad and the dressing.   샐러드와 드레싱을 섞지 마라.

➡ _____

3 <u>Your backpack pack</u> now.   지금 네 배낭을 싸라.

➡ _____

4 Please <u>don't playing</u> baseball here.   여기서 야구를 하지 마세요.

➡ _____

5 <u>Returns</u> my book by tomorrow.   내 책을 내일까지 돌려줘라.

➡ _____

6 <u>Fight never</u> with your friends.   네 친구들과 절대 싸우지 마라.

➡ _____

7 <u>Turned off</u> your cell phone.   네 휴대폰을 꺼라.

➡ _____

8 <u>Not use</u> my hair dryer.   내 헤어드라이어를 사용하지 마라.

➡ _____

9 <u>Listen please</u> to me.   제 말을 들어주세요.

➡ _____

10 <u>Never being late</u> for the class again.   절대 수업에 다시 늦지 마라.

➡ _____

B 다음 문장을 주어진 지시대로 바꿔 쓰세요.

1 You write your name here. (긍정 명령문) 너는 여기에 네 이름을 쓴다.
→ Write your name here.

2 You bring your tickets. (긍정 명령문) 너는 네 티켓들을 가져온다.
→

3 You are a liar. (부정 명령문) 너는 거짓말쟁이다.
→

4 You get enough sleep. (긍정 명령문) 너는 잠을 충분히 잔다.
→

5 You save the file. (부정 명령문) 너는 그 파일을 저장한다.
→

6 You cross the bridge. (부정 명령문) 너는 그 다리를 건넌다.
→

7 You put two eggs in the soup. (긍정 명령문) 너는 수프에 달걀을 두 개 넣는다.
→

8 You study hard for the exam. (긍정 명령문) 너는 시험에 대비해 열심히 공부한다.
→

9 You watch out for the snakes in the grass. (긍정 명령문) 너는 잔디의 뱀들을 조심한다.
→

10 You take this medicine. (부정 명령문) 너는 이 약을 먹는다.
→

LEVEL UP

A 우리말과 같은 뜻이 되도록 빈칸에 알맞은 말을 쓰세요.

1

_____ Don't _____ walk _____ your dog here.

여기서 개를 산책시키지 마라.

2

_____ this _____ _____.

이 분홍색 원피스를 입어라.

3

_____ _____ the lizard.

도마뱀을 만지지 마라.

4

_____ the _____ _____.

신선한 공기를 느껴라.

5

_____ _____ your _____

_____.

네 휴대폰을 꺼라.

6

Please _____ _____ baseball here.

여기서 야구를 하지 마세요.

B 우리말과 같은 뜻이 되도록 빈칸에 알맞은 말을 쓰세요.

1 ___Don't___ ___worry___ about that ___problem___ .
그 문제에 대해 걱정하지 마라.

2 _____ _____ by _____ .
내일까지 이곳을 떠나라.

3 Please _____ _____ _____ .
눈을 뜨세요.

4 _____ _____ too _____ .
너무 느리게 말하지 마라.

5 _____ _____ into the _____ .
그릇에 양파들을 넣어라.

6 _____ _____ the _____ , please.
그 버튼을 누르지 마세요.

7 _____ the _____ with your _____ .
네 친구들과 음식을 나눠라.

8 _____ _____ _____ now.
지금 네 배낭을 싸라.

9 _____ _____ the _____ at night.
밤에 바이올린을 켜지 마라.

10 _____ _____ _____ your room.
네 방을 어질러 놓지 마라.

11 _____ me the _____ , _____ .
제게 설탕을 건네주세요.

12 _____ _____ your _____ .
네 여동생을 괴롭히지 마라.

[1~3] 사진을 보고 (   ) 안에서 알맞은 것을 고르세요.

1

(Ride / Don't ride) a skateboard here.

2

(Save please / Please save) water.

3

(Be / Is) quiet, please.

[4~5] 빈칸에 들어갈 알맞은 말을 고르세요.

4

Never _____ those flowers.

① to pick   ② pick   ③ picking   ④ not picking

5

_____ on the air conditioner.

① Turn   ② Turns   ③ Turned   ④ Turning

[6~7] 빈칸에 들어갈 수 <u>없는</u> 말을 고르세요.

6

_____ the apples.

① Never eat   ② Brings   ③ Please cut   ④ Don't buy

7

Don't _____.

① go to bed late   ② worry about me

③ is late for the meeting   ④ park your car here

8 우리말을 영어로 바르게 옮긴 것을 고르세요.

네 선생님의 말씀을 주의깊게 들어라.

① Listens to your teacher carefully.

② Listening to your teacher carefully.

③ Listen to your teacher carefully.

④ Never listen to your teacher carefully.

9 밑줄 친 부분이 <u>어색한</u> 것을 고르세요.

① <u>Please turn off</u> your cellphone.

② <u>Be polite</u> to your neighbors.

③ <u>Don't drink</u> coffee at night.

④ <u>Tell never</u> me a lie again.

10

> · _____ give up. You can do it.
> · _____ a seatbelt.

① Don't – Wear

② Do – Wear

③ Don't – Wears

④ Do – Wears

11

> · Do you have any questions? Please _____ your hand.
> · _____ afraid of the dog. It doesn't bite.

① raise – Do

② raising – Never be

③ raise – Don't be

④ raises – Be

12 어법상 <u>틀린</u> 문장을 고르세요.

① Wash your hands before meals.

② Don't forget your homework.

③ Be careful on the stairs.

④ Does the laundry first.

13 다음 문장을 긍정 명령문으로 바꿔 쓰세요.

> You bring your lunch box.

➡ _____

14 우리말과 같은 뜻이 되도록 주어진 말을 바르게 배열하세요.

> 박물관 안에서 사진을 찍지 마라.
> (take pictures / in the museum / don't / .)

➡ _____

15 그림을 보고 메모의 빈칸에 보기 에서 알맞은 단어를 골라 쓰세요. (필요하면 형태를 바꾸세요.)

보기	Jack,
eat	_____ your desk. It's too dirty.
play	_____ the sandwiches on the table.
clean	_____ _____ computer games.
	I'll be home before dinner.
	Love, Mommy

Chapter 04

제안문

학습목표

1 제안문의 의미와 쓰임에 대해 알아보아요.
2 **Let's**와 **Let's not**을 이용한 제안문의 형태에 대해 알아보아요.
3 제안과 요청을 의미하는 다양한 표현에 대해 알아보아요.

noise
소음

nap
낮잠

board game
보드게임

picnic
소풍

take care of
돌보다

express bus
급행 버스

hide
숨다

trip
여행

seatbelt
안전벨트

ring
울리다

doorbell
초인종

forest
숲

print
인쇄하다

collect
모으다

stamp
우표

performance
공연

on foot
걸어서

get on
(버스・기차 등을) 타다

plant
심다

water
물을 주다

Unit 01

제안문 (1)

● '~하자', '~하지 말자'라고 상대방에게 무언가를 제안하거나 요청할 때는 앞에서 배운 명령문 앞에 Let's를 붙여서 써요.

Turn on the light. 불을 켜라.　　　　　[명령문]
Let's turn on the light. 불을 켜자.　　[제안문]

● '~하자'라고 제안할 때는 「Let's + 동사원형」을 써요.

Let's listen to music. 음악을 듣자.
Let's take a taxi. 택시를 타자.
Let's go shopping. 쇼핑하러 가자.

Let's help her. 그녀를 도와주자.
Let's look at the painting. 그림을 보자.
Let's order pizza. 피자를 주문하자.

● '~하지 말자'라고 제안할 때는 「Let's not + 동사원형」을 써요.

Let's not drink coffee. 커피를 마시지 말자.
Let's not open the window. 창문을 열지 말자.
Let's not play the guitar. 기타를 치지 말자.

Let's not go out. 밖에 나가지 말자.
Let's not call him. 그에게 전화하지 말자.
Let's not study math. 수학을 공부하지 말자.

정답 및 해설 p.10

A 제안문에 V 표시하세요.

1 Take out your notebook.
네 공책을 꺼내라.

2 Let's spend some time with our baby. ✓
우리 아기와 시간을 좀 보내자.

3 Let's not park the car here.
차를 이곳에 주차하지 말자.

4 Don't make noise in class.
수업 중에 소란을 피우지 마라.

5 Let's invite Ron to our wedding.
우리의 결혼식에 Ron을 초대하자.

6 Let's not cross the bridge.
그 다리를 건너지 말자.

B ( ) 안에서 알맞은 것을 고르세요.

1 Let's (study / studies) Spanish.   스페인어를 공부하자.

2 Let's (make / making) some bread.   빵을 조금 만들자.

3 Let's (is / be) quiet in the library.   도서관에서 조용히 하자.

4 Let's (eat not / not eat) food in the park.   공원에서 음식을 먹지 말자.

5 (Let's not / Not let's) take a bus to the airport.   공항에 버스를 타고 가지 말자.

6 Let's (listen / listens) to him carefully.   그의 말을 주의 깊게 듣자.

7 Let's (don't / not) go skiing today.   오늘 스키 타러 가지 말자.

Unit 02

제안문 (2)

● 제안할 때는 'Let's ~' 외에도 다양한 표현을 쓸 수 있어요.

Shall we + 동사원형 ~?	우리 ~할래?

Shall we run in a marathon? 우리 마라톤에 나갈래?
Shall we take a walk? 우리 산책할래?
Shall we go swimming? 우리 수영하러 갈래?

Why don't we[you] + 동사원형 ~?	우리[너] ~하는 게 어때?

Why don't we eat hamburgers? 우리 햄버거를 먹는 게 어때?
Why don't we take a nap? 우리 낮잠을 자는 게 어때?
Why don't you write a song? 너 노래를 쓰는 게 어때?

How[What] about + 명사 / -ing ~?	~는 어때? / ~하는 게 어때?

How about cookies for a snack? 간식으로 쿠키는 어때?
What about a scarf for Mom? 엄마를 위해 스카프는 어때?
How about read**ing** a book? 책을 읽는 게 어때?
What about buy**ing** new clothes? 새 옷을 사는 게 어때?

> **Tip** 제안하는 표현에는 다음과 같이 답변할 수 있어요.
>
> Sure. 그래.   Sounds good. 좋아.   Okay. 좋아.
> That's a great idea. 좋은 생각이야.   I'm sorry, but I can't. 미안하지만, 안 돼.
> A: Shall we make pizza? 우리 피자 만들래?   B: Sure. 그래.
> A: Why don't you visit him? 너 그를 방문하는 게 어때?   B: I'm sorry, but I can't. 미안하지만, 안 돼.

정답 및 해설 p.10

A 다음 문장의 우리말 뜻을 고르세요.

1
How about playing chess?
ⓐ 체스를 두는 게 어때?
ⓑ 체스를 뒀니?

2
Why don't you do your homework?
ⓐ 너 숙제를 하지 않았니?
ⓑ 너 숙제를 하는 게 어때?

3
Shall we go to the bakery?
ⓐ 우리 빵집에 갈래?
ⓑ 우리 빵집에 갔니?

4
What about steak for dinner?
ⓐ 저녁으로 스테이크를 먹었니?
ⓑ 저녁으로 스테이크는 어때?

B ( ) 안에서 알맞은 것을 고르세요.

1 What about (wear / wearing) this sweater?   이 스웨터를 입는 게 어때?

2 Shall we (go / going) to the mall this weekend?   우리 이번 주말에 쇼핑몰에 갈래?

3 Why don't you (send / sending) an email to her?   너 그녀에게 이메일을 보내는 게 어때?

4 How about (eat / eating) out tonight?   오늘 밤에 외식하는 게 어때?

5 Shall we (meet / meeting) at the airport?   우리 공항에서 만날래?

6 Why don't we (play / playing) board games?   우리 보드게임을 하는 게 어때?

LET'S PRACTICE 1

Let's 와 Let's not 제안문의 형태를 익혀요.

A 빈칸에 들어갈 말로 알맞은 것을 고르세요.

1 Let's _____ talk about it.
그것에 대해 이야기하지 말자.
ⓐ don't   ✓ⓑ not

2 Let's _____ the room.
방을 청소하자.
ⓐ clean   ⓑ cleaning

3 _____ listen to music loudly.
음악을 크게 듣지 말자.
ⓐ Don't let   ⓑ Let's not

4 Let's _____ off the TV.
TV를 끄자.
ⓐ turn   ⓑ turned

5 Let's _____ on a picnic.
소풍을 가자.
ⓐ go   ⓑ goes

6 Let's _____ pictures here.
여기서 사진을 찍지 말자.
ⓐ take not   ⓑ not take

B 빈칸에 Let's 또는 Let's not 중 알맞은 말을 쓰세요.

1 _____Let's not_____ swim in the river. It looks dangerous.
강에서 수영하지 말자. 그건 위험해 보여.

2 _____ take care of him. He is sick.
그를 돌봐주자. 그는 아프다.

3 I am thirsty. _____ buy a bottle of water.
나는 목이 마르다. 물 한 병을 사자.

4 We are late. _____ take an express bus.
우리는 늦었어. 급행 버스를 타자.

5 It's too hot. _____ wear jackets.
너무 덥다. 자켓을 입지 말자.

LET'S PRACTICE 2

다양한 제안문의 형태를 익혀요.

정답 및 해설 p.10

A 밑줄 친 부분이 맞으면 ○, 틀리면 X 표시하세요.

1 Why don't we <u>study</u> at the library? → ___○___
우리 도서관에서 공부하는 게 어때?

2 Shall we <u>painting</u> the door? → _____
우리 문에 페인트칠할래?

3 How about <u>bring</u> our dog here? → _____
우리 개를 여기 데려오는 게 어때?

4 What about <u>visiting</u> the farm? → _____
그 농장을 방문하는 게 어때?

5 Why don't you <u>checking</u> the date? → _____
너 날짜를 확인하는 게 어때?

6 Shall we <u>hide</u> under the blanket? → _____
우리 담요 밑에 숨을래?

B 빈칸에 들어갈 수 있는 것을 <u>모두</u> 고르세요.

1 What about _____ with me?
ⓐ go shopping ⓑ✓ taking a class ⓒ✓ setting the table

2 Why don't you _____?
ⓐ tell the truth ⓑ plan a trip ⓒ washing your hands

3 Shall we _____?
ⓐ leave here ⓑ going for a walk ⓒ watch TV

4 How about _____?
ⓐ wear a seatbelt ⓑ singing a song ⓒ a doll for Tina

A 다음 문장을 Let's 또는 Let's not 제안문으로 바꿔 쓸 때 빈칸에 알맞은 말을 쓰세요.

1 Play soccer. 축구를 해라.

→ _____Let's_____ _____play_____ soccer.

2 Clean the classroom. 교실을 청소해라.

→ _____ _____ the classroom.

3 Don't ring the doorbell. 초인종을 누르지 마라.

→ _____ _____ _____ the doorbell.

4 Don't drive too fast. 너무 빨리 운전하지 마라.

→ _____ _____ _____ too fast.

5 Take those umbrellas. 저 우산들을 가져가라.

→ _____ _____ those umbrellas.

6 Don't throw the ball. 공을 던지지 마라.

→ _____ _____ _____ the ball.

7 Feed this cat. 이 고양이에게 먹이를 줘라.

→ _____ _____ this cat.

8 Don't go into the forest. 숲속으로 들어가지 마라.

→ _____ _____ _____ into the forest.

9 Don't change the plan. 계획을 변경하지 마라.

→ _____ _____ _____ the plan.

10 Print this essay. 이 에세이를 인쇄해라.

→ _____ _____ this essay.

B 밑줄 친 부분을 바르게 고쳐 쓰세요.

1 Why don't you <u>enjoying</u> your vacation?　　→　　_____enjoy_____
너 너의 방학을 즐기는 게 어때?

2 Shall we <u>drinking</u> some juice?　　→　　_____
우리 주스를 좀 마실래?

3 How about <u>watch</u> an action movie?　　→　　_____
액션 영화를 보는 게 어때?

4 Let's <u>collects</u> stamps.　　→　　_____
우표들을 모으자.

5 What <u>we about</u> waffles for dessert?　　→　　_____
후식으로 와플은 어때?

6 What about <u>read</u> his books?　　→　　_____
그의 책들을 읽는 게 어때?

7 Why don't we <u>doing</u> our homework together?　　→　　_____
우리 같이 숙제를 하는 게 어때?

8 Shall we <u>bought</u> these roses?　　→　　_____
우리 이 장미들을 살래?

9 <u>Not let's</u> miss the show.　　→　　_____
그 공연을 놓치지 말자.

10 Why <u>not</u> we turn on the music?　　→　　_____
우리 음악을 트는 게 어때?

A 사진을 보고 주어진 말을 이용하여 빈칸에 알맞은 말을 쓰세요.

1
_____Let's_____ _____turn_____ _____off_____ our phones before the show. (turn off)
공연 전에 우리의 휴대폰을 끄자.

2
Why _____ we _____ _____? (go fishing)
우리 낚시를 가는 게 어때?

3
Shall _____ _____ _____ after dinner? (play outside)
우리 저녁 식사 후에 밖에서 놀래?

4
Let's _____ _____ our skateboards here. (ride)
여기서 우리의 스케이트보드를 타지 말자.

5
How _____ _____ for lunch? (curry)
점심으로 카레는 어때?

6
What _____ _____ _____? (drink tea)
차를 마시는 게 어때?

B 우리말과 같은 뜻이 되도록 주어진 단어를 이용하여 빈칸에 알맞은 말을 쓰세요.

1 그 공연은 보지 말자. (see)

➜ ___Let's___ ___not___ ___see___ the performance.

2 우리 수영장에서 수영할래? (swim)

➜ Shall _____ _____ in the pool?

3 시험에 대해 이야기하지 말자. (talk)

➜ _____ _____ _____ about the exam.

4 후식을 주문하는 게 어때? (order)

➜ What _____ _____ dessert?

5 우리 천천히 걷는 게 어때? (walk)

➜ Why _____ _____ _____ slowly?

6 너 무대에서 춤추는 게 어때? (dance)

➜ Why _____ _____ _____ on the stage?

7 에너지바들을 조금 먹자. (have)

➜ _____ _____ some energy bars.

8 지하철역에서 그를 기다리는 게 어때? (wait)

➜ How _____ _____ for him at the subway station?

9 오늘은 유니폼을 입는 게 어때? (wear)

➜ What _____ _____ the uniform today?

10 우리 오전 7시에 만날래? (meet)

➜ _____ we _____ at 7:00 a.m.?

A 두 문장이 같은 의미가 되도록 주어진 말을 이용하여 문장을 완성하세요.

1 Let's clean the living room. (How about)   거실을 청소하자.

→ <u>How about cleaning</u> the living room?

2 What about turning on the TV? (Why don't you)   TV를 켜는 게 어때?

→ _____ the TV?

3 Let's eat our food slowly. (Why don't we)   우리의 음식을 천천히 먹자.

→ _____ slowly?

4 Shall we leave at 4:00 p.m.? (Let's)   우리 오후 4시에 떠날래?

→ _____ at 4:00 p.m.

5 Let's go to the gym. (Shall we)   체육관에 가자.

→ _____ to the gym?

6 Why don't we go there on foot? (What about)   우리 그곳에 걸어서 가는 게 어때?

→ _____ there on foot?

7 Shall we make a sandcastle together? (Let's)   우리 같이 모래성을 만들래?

→ _____ a sandcastle together.

8 What about staying in France for a while? (How about)
우리 잠시 프랑스에서 지내는 게 어때?

→ _____ in France for a while?

9 How about wearing glasses? (Why don't you)   안경을 쓰는 게 어때?

→ _____ glasses?

10 Why don't we make pasta? (Shall we)   우리 파스타를 만드는 게 어때?

→ _____ pasta?

B 다음 문장을 주어진 지시대로 바꿔 쓰세요.

1 Don't be late. (Let's not 제안문) 늦지 마라.

➡ _____ Let's not be late. _____

2 Go there by subway. (How about 제안문) 그곳에 지하철을 타고 가라.

➡ _____

3 We travel to Paris. (Shall we 제안문) 우리는 파리로 여행을 간다.

➡ _____

4 Get on the train. (Let's 제안문) 기차를 타라.

➡ _____

5 Clean the bathroom. (How about 제안문) 화장실을 청소해라.

➡ _____

6 We eat bagels for breakfast. (Shall we 제안문) 우리는 아침으로 베이글을 먹는다.

➡ _____

7 We invite Tom to the party. (Why don't we 제안문) 우리는 Tom을 파티에 초대한다.

➡ _____

8 Come back next week. (Why don't you 제안문) 다음 주에 돌아와라.

➡ _____

9 Don't bother the animals. (Let's not 제안문) 동물들을 괴롭히지 마라.

➡ _____

10 Try on the boots. (What about 제안문) 그 부츠를 신어봐라.

➡ _____

STEP UP 4

A 우리말과 같은 뜻이 되도록 주어진 말을 바르게 배열하세요.

1 그것에 대해 얘기하지 말자. (talk / let's / about it / not / .)

→ _____ Let's not talk about it. _____

2 너 새 모자를 사는 게 어때? (buy / don't / a new cap / why / you / ?)

→ _____

3 우리 박물관에 갈래? (shall / to the museum / we / go / ?)

→ _____

4 부산으로 여행 가는 게 어때? (about / how / traveling / to Busan / ?)

→ _____

5 녹차를 마시자. (green tea / let's / drink / .)

→ _____

6 우리 저 신발을 파는 게 어때? (sell / why / those shoes / we / don't / ?)

→ _____

7 창문을 만지지 말자. (not / touch / let's / the window / .)

→ _____

8 우리 같이 공부할래? (together / shall / study / we / ?)

→ _____

9 너 네 고양이를 데려오는 게 어때? (bring / why / don't / your cat / you / ?)

→ _____

10 오늘 나무들을 심는 게 어때? (planting / what / today / about / trees / ?)

→ _____

B 우리말과 같은 뜻이 되도록 주어진 말을 이용하여 문장을 쓰세요.

1 저 노인을 돕자. (help that old man)

→ _____ Let's help that old man. _____

2 정원에 물을 주는 게 어때? (what, water the garden)

→ _____

3 우리 네 남동생을 돌보는 게 어때? (why, take care of your brother)

→ _____

4 우리 탄산음료를 주문할래? (shall, order soda)

→ _____

5 역에서 만나자. (meet at the station)

→ _____

6 꽃들을 꺾지 말자. (pick the flowers)

→ _____

7 너 새 지갑을 사는 게 어때? (why, buy a new wallet)

→ _____

8 우리 영화 보러 갈래? (shall, go to the movies)

→ _____

9 밖에서 야구를 하는 게 어때? (how, play baseball outside)

→ _____

10 우리 선생님께 전화하지 말자. (call our teacher)

→ _____

LEVEL UP

A 우리말과 같은 뜻이 되도록 빈칸에 알맞은 말을 쓰세요.

1

____Let's____ ____go____ on a picnic.

소풍을 가자.

2

_____ about _____ our dog here?

우리 개를 여기 데려오는 게 어때?

3

_____ we _____ a walk?

우리 산책할래?

4

_____ _____ _____ the ball.

공을 던지지 말자.

5

_____ _____ you _____ the date?

너 날짜를 확인하는 게 어때?

6

What _____ _____ the garden?

정원에 물을 주는 게 어때?

B 우리말과 같은 뜻이 되도록 빈칸에 알맞은 말을 쓰세요.

1 ___Shall___ we ___go___ to the bakery?
우리 빵집에 갈래?

2 How _____ _____ _____ for Tina?
Tina를 위해 인형은 어때?

3 _____ _____ we _____ a nap?
우리 낮잠을 자는 게 어때?

4 What _____ _____ his books?
그의 책들을 읽는 게 어때?

5 _____ _____ the classroom.
교실을 청소하자.

6 _____ _____ you _____ the truth?
너 사실을 말하는 게 어때?

7 _____ _____ _____ the flowers.
꽃들을 꺾지 말자.

8 _____ don't _____ _____ Tom to the party?
우리 Tom을 파티에 초대하는 게 어때?

9 _____ _____ _____ in the pool?
우리 수영장에서 수영할래?

10 _____ about _____ there on foot?
그곳에 걸어서 가는 게 어때?

11 _____ _____ _____ pictures here.
여기서 사진을 찍지 말자.

12 _____ _____ at the station.
역에서 만나자.

[1~5] ( ) 안에서 알맞은 것을 고르세요.

1 Let's (take / takes) a break.

2 How about (order / ordering) fried chicken?

3 Shall we (go / going) hiking?

4 Let's (waste not / not waste) money.

5 Why (about / don't you) ask him directly?

6 부정문으로 만들 때 not이 들어갈 위치를 고르세요.

① Let's ② go camping ③ this weekend ④.

7 빈칸에 들어갈 알맞은 말을 고르세요.

Why don't we _____ to their new song?

① listen   ② listening   ③ listens   ④ listened

[8~9] 빈칸에 들어갈 수 <u>없는</u> 말을 고르세요.

8

_____ go to the mall?

① How about   ② Shall we

③ Why don't we   ④ Why don't you

9

What about _____?

① riding a bike   ② eat out tonight

③ seeing a doctor   ④ a horror movie

10 우리말을 영어로 바르게 옮긴 것을 고르세요.

우리 개를 한 마리 입양할래?

① Shall you adopt a dog?

② Shall we adopt a dog?

③ Shall you adopting a dog?

④ Shall we adopting a dog?

11 밑줄 친 부분이 <u>어색한</u> 것을 고르세요.

① <u>Let's buy</u> a present for Lily.

② <u>What about wearing</u> a hat?

③ <u>Why don't you joining</u> the baseball club?

④ <u>Shall we wash</u> the dishes?

12 빈칸에 들어갈 말이 바르게 짝지어진 것을 고르세요.

> · Why don't you _____ a foreign language?
> · Let's _____ the house.

① learn – clean   ② learning – clean

③ learn – cleaning   ④ learning – cleaning

13 어법상 <u>틀린</u> 문장을 고르세요.

① What about borrowing books from the library?

② Let's think about not that problem.

③ Shall we have lunch together?

④ Why don't we travel to Dokdo?

14 대화가 <u>어색한</u> 것을 고르세요.

① A: How about playing basketball?
   B: I'm sorry, but I can't.

② A: Why don't you get some sleep?
   B: That's a great idea.

③ A: Let's not go outside. It's raining.
   B: Okay.

④ A: Shall we cook pasta?
   B: Sounds good. I don't like pasta.

15 우리말과 같은 뜻이 되도록 주어진 말을 바르게 배열하세요.

> 컴퓨터 게임을 하지 말자.
> (computer games / not / let's / play / .)

→ _____

16 우리말과 같은 뜻이 되도록 주어진 말을 이용하여 문장을 완성하세요.

> 우리 공원에서 산책하는 게 어때?
> (why, take a walk)

→ _____ in the park?

17 다음 그림을 보고 주어진 말을 바르게 배열하세요.

> A: Look out the window. It's snowing!
> B: Wow, it's beautiful. (1) _____?
>   (we / shall / go out)
> A: Sounds great! (2) _____.
>   (make / let's / a snowman)
> B: Okay. (3) _____? It's cold outside.
>   (wearing / how / about / gloves)

실전 Test 02회

1 부정 명령문으로 만들 때 never가 들어갈 위치를 고르세요.

> ① Play ② the ③ drums ④ at night.

[2~4] 빈칸에 들어갈 알맞은 말을 고르세요.

2
> Let's _____ some bread.

① buys ② to buy
③ buying ④ buy

3
> Why don't you _____ there by train?

① go ② going
③ went ④ goes

4
> _____ ride a skateboard without a helmet.

① Not ② Do
③ Don't ④ Doesn't

[5~6] 우리말을 영어로 바르게 옮긴 것을 고르세요.

5
> 너의 남동생에게 잘해줘라.

① Being nice to your brother.
② Don't be nice to your brother.
③ Be nice to your brother.
④ You are nice to your brother.

6
> 우리 이곳에서 저녁을 먹는 게 어때?

① Why do we eat dinner here?
② Why don't we eat dinner here?
③ Why don't you eat dinner here?
④ Why didn't we eat dinner here?

[7~8] 빈칸에 들어갈 수 <u>없는</u> 말을 고르세요.

7
> Don't _____.

① open the window
② drink too much coffee
③ go to bed too late
④ is angry with me

8 How about _____ ?

① going to the zoo

② play tennis

③ a cup of coffee

④ baking some cookies

9 빈칸에 공통으로 알맞은 말을 고르세요.

- Let's _____ the blue box together.
- Don't _____ the door.

① open   ② opened

③ opening   ④ to open

[10~11] 밑줄 친 부분이 어색한 것을 고르세요.

10 ① Don't enter the building.

② Brush your teeth after meals.

③ Please are nice to your friends.

④ Never run on the stairs.

11 ① What about swimming in the pool?

② Let's take not a taxi.

③ Shall we meet at six?

④ Why don't we have a bowl of salad for lunch?

[12~13] 밑줄 친 부분을 바르게 고친 것을 고르세요.

12 Why don't you having a cup of cappuccino?

① had   ② to have

③ has   ④ have

13 Let's not staying out late tonight.

① stays   ② stay

③ stayed   ④ to stay

14

> · Never _____ strangers.
> · What about _____ golf tomorrow?

① follows – playing

② follows – play

③ follow – playing

④ follow – play

15

> · How about _____ in the park?
> · Why don't you _____ the kids?

① jog – help   ② jogging – help

③ jog – helps   ④ jogging – helps

16 ① Shall we drinking some tea?

② Let's go hiking on Sunday.

③ Why don't we try Mexican food this evening?

④ How about a break?

17 ① What about some pie?

② Why don't you come to the party tonight?

③ Let's not plays in the street.

④ Bring me a glass of water, please.

18 대화가 어색한 것을 고르세요.

① A: I'm cold. Please close the window.
   B: Okay.

② A: What about watching a horror movie?
   B: Sure. I don't like horror movies.

③ A: How about renting a car?
   B: That's a good idea.

④ A: Shall we go for a walk after breakfast?
   B: Sounds great.

19 다음 문장을 주어진 지시대로 바꿔 쓰세요.

(1)
> Eat the brownies on the table.
> (부정 명령문)

→ _____

_____

(2)
> We watch the sunset at the beach. (Why don't we 제안문)

→ _____

_____

20 우리말과 같은 뜻이 되도록 주어진 말을 이용하여 문장을 쓰세요.

> 케이크 한 조각을 먹는 게 어때?
> (how, eat, a piece of cake)

→ _____

_____

21 우리말과 같은 뜻이 되도록 주어진 말을 바르게 배열하세요.

> 그에 대해 걱정하지 말자.
> (not / about him / worry / let's / .)

→ _____

_____

22 그림을 보고 주어진 말을 바르게 배열하세요.

> A: _____ here?
>   (we / shall / swim)
> B: _____ in
>   (not / swim / let's)
> the sea. Look at the sign.
> A: Oh, I didn't see it.

지은이

NE능률 영어교육연구소

NE능률 영어교육연구소는 혁신적이며 효율적인 영어 교재를 개발하고
영어 학습의 질을 한 단계 높이고자 노력하는 NE능률의 연구조직입니다.

초등 Grammar Inside 〈3권〉

펴 낸 이	주민홍
펴 낸 곳	서울특별시 마포구 월드컵북로 396(상암동) 누리꿈스퀘어 비즈니스타워 10층
	㈜NE능률 (우편번호 03925)
펴 낸 날	2022년 1월 5일 초판 제1쇄 발행
	2025년 9월 15일 제11쇄
전 화	02 2014 7114
팩 스	02 3142 0356
홈 페 이 지	www.neungyule.com
등 록 번 호	제1-68호
I S B N	979-11-253-3712-6 63740
정 가	13,000원

NE 능률

고객센터

교재 내용 문의 : contact.nebooks.co.kr (별도의 가입 절차 없이 작성 가능)
제품 구매, 교환, 불량, 반품 문의 : 02-2014-7114
☎ 전화문의는 본사 업무시간 중에만 가능합니다.

NE능률 교재 MAP

아래 교재 MAP을 참고하여 본인의 현재 혹은 목표 수준에 따라 교재를 선택하세요.
NE능률 교재들과 함께 영어실력을 쑥쑥~ 올려보세요!
MP3 등 교재 부가 학습 서비스 및 자세한 교재 정보는 www.nebooks.co.kr 에서 확인하세요.

문법 구문 서술형

초1-2 — **초3** — **초3-4** — **초4-5** — **초5-6**

초3	초3-4	초4-5	초5-6
그래머버디 1	그래머버디 2	그래머버디 3	Grammar Bean 3
초등영어 문법이 된다 Starter 1	초등영어 문법이 된다 Starter 2	Grammar Bean 1	Grammar Bean 4
	초등 Grammar Inside 1	Grammar Bean 2	초등영어 문법이 된다 2
	초등 Grammar Inside 2	초등영어 문법이 된다 1	초등 Grammar Inside 5
		초등 Grammar Inside 3	초등 Grammar Inside 6
		초등 Grammar Inside 4	

초6-예비중 — **중1** — **중1-2** — **중2-3** — **중3**

초6-예비중	중1	중1-2	중2-3	중3
능률중학영어 예비중	능률중학영어 중1	능률중학영어 중2	Grammar Zone 기초편	능률중학영어 중3
Grammar Inside Starter	Grammar Zone 입문편	1316 Grammar 2	Grammar Zone 워크북 기초편	문제로 마스터하는 중학영문법 3
원리를 더한 영문법 STARTER	Grammar Zone 워크북 입문편	문제로 마스터하는 중학영문법 2	1316 Grammar 3	Grammar Inside 3
	1316 Grammar 1	Grammar Inside 2	원리를 더한 영문법 2	열중 16강 문법 3
	문제로 마스터하는 중학영문법 1	열중 16강 문법 2	중학영문법 총정리 모의고사 2	중학영문법 총정리 모의고사 3
	Grammar Inside 1	원리를 더한 영문법 1	쓰기로 마스터하는 중학서술형 2학년	쓰기로 마스터하는 중학서술형 3학년
	열중 16강 문법 1	중학영문법 총정리 모의고사 1	중학 천문장 3	
	쓰기로 마스터하는 중학서술형 1학년	중학 천문장 2		
	중학 천문장 1			

예비고–고1 — **고1** — **고1-2** — **고2-3** — **고3**

예비고–고1	고1	고1-2	고2-3
문제로 마스터하는 고등영문법	Grammar Zone 기본편 1	필히 통하는 고등 영문법 실력편	Grammar Zone 종합편
올클 수능 어법 start	Grammar Zone 워크북 기본편 1	필히 통하는 고등 서술형 실전편	Grammar Zone 워크북 종합편
천문장 입문	Grammar Zone 기본편 2	TEPS BY STEP G+R Basic	올클 수능 어법 완성
	Grammar Zone 워크북 기본편 2		천문장 완성
	필히 통하는 고등 영문법 기본편		
	필히 통하는 고등 서술형 기본편		
	천문장 기본		

수능 이상/ 토플 80-89 · 텝스 600-699점	수능 이상/ 토플 90-99 · 텝스 700-799점	수능 이상/ 토플 100 · 텝스 800점 이상		
TEPS BY STEP G+R 1	TEPS BY STEP G+R 2	TEPS BY STEP G+R 3		

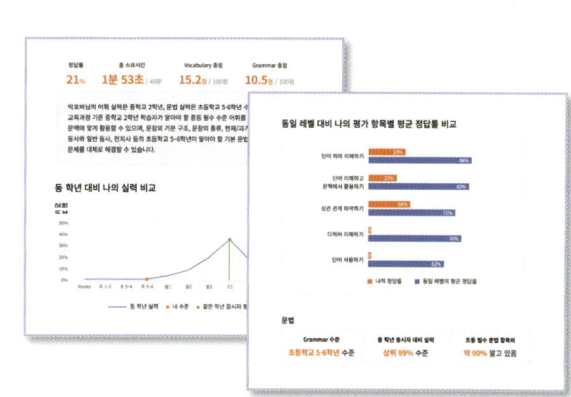

3회독 학습법으로 완성하는 영어 문해력

시리즈 구성

LEVEL 1	LEVEL 4
LEVEL 2	LEVEL 5
LEVEL 3	LEVEL 6

1 Read! 직독직해로 제대로 읽기
끊어 읽기를 통해 지문 내용을 정확히 이해하고
문장 구조를 습득해요.

2 Think! 추론하고 적용하기
내용 확인뿐 아니라 '추론하기'와 '적용하기' 문제를 통해
생각을 키워요.

3 Write! 문해력 완성하기
문단 및 지문 단위 요약 훈련을 통해 문장 표현력까지 완성해요.